W. Wattenbach

Anleitung zur griechischen Paläographie

W. Wattenbach

Anleitung zur griechischen Paläographie

ISBN/EAN: 9783743331969

Hergestellt in Europa, USA, Kanada, Australien, Japan

Cover: Foto ©Andreas Hilbeck / pixelio.de

W. Wattenbach

Anleitung zur griechischen Paläographie

ANLEITUNG

ZUR

GRIECHISCHEN PALAEOGRAPHIE

VON

W. WATTENBACH

PROFESSOR IN HEIDELBERG

MIT ZWÖLF SCHRIFTTAFELN.

LEIPZIG

VERLAG VON S. HIRZEL

MDCCCLXVII.

ERNST UND GEORG CURTIUS

IN ALTER FREUNDSCHAFT GEWIDMET

VOM VERFASSER.

machen will, was allerdings dringend anzurathen ist, der findet in den betreffenden Abschnitten der folgenden Darstellung die dazu nöthigen litterarischen Nachweisungen, während die hauptsächlichsten Formen auch in der übersichtlichen Entwickelung der Buchstabengeschichte berücksichtigt sind. Diese autographirten Blätter sollen nämlich die vorzüglichsten Veränderungen der Buchstaben und die wichtigsten Abkürzungen anschaulich machen, ohne den Anspruch auf eine erschöpfende Behandlung des Gegenstandes, aber hinreichend um die Grundlagen für weitere Studien zu gewinnen. Es bedarf wohl kaum der Erwähnung, dass die aus freier Hand gezeichneten Buchstaben auf völlige Uebereinstimmung mit den Originalen keinen Anspruch machen.

INHALTSVERZEICHNISS.

demie aufgenommen, starb er am 21. Dec. 1741. Von seinen zahlreichen und bedeutenden Werken erwähne ich hier nur die 1708 erschienene Palaeographia Graeca, ein Meisterstück nicht nur, sondern bis jetzt auch das einzige umfassende systematische Werk über diesen Gegenstand. Vollkommen mustergültig für seine Zeit, und jedem, der sich mit diesem Fach beschäftigt, noch jetzt unentbehrlich, ist es nur in Bezug auf die ältesten Schriftgattungen durch die Entdeckungen der neueren Zeit ungenügend geworden. Nicht minder ausgezeichnet ist seine 1715 erschienene Bibliotheca Coisliniana olim Segueriana, sive Manuscriptorum omnium Graecorum, quae in ea continentur, accurata descriptio. Diese sehr reichhaltige Bibliothek gehörte damals dem Herzog von Coislin, Bischof von Metz, und wurde als dessen Geschenk 1732 mit der Bibliothek von Saint-Germain-des-Prés vereinigt.

Sehr scharfsinnige und lehrreiche Untersuchungen mit besonderer Beachtung der am häufigsten vorkommenden Verwechselungen und Irrthümer, sowohl der alten Schreiber wie moderner Herausgeber, hat Friedrich Jakob Bast angestellt: sie finden sich zusammengestellt in seiner Commentatio palaeographica cum tabulis aeneis VII. bei Schäfers Ausgabe des Gregorius Corinthius, Lipsiae 1811. p. 701—861. cf. p. 914—938. Sorgfältiges Studium derselben ist für jeden Herausgeber griechischer Autoren unerlässlich, und eine abgesonderte Ausgabe der Commentatio wäre sehr zu wünschen. Einen Auszug daraus hat Hodgkin gemacht (Excerpta ex Bastii Commentatione, Oxonii 1835) und die Zeichnungen alphabetisch geordnet; leider nicht ohne Fehler (da *φιλοσοφῶν* durch *φιλοσοφῶν* erklärt ist, anstatt durch *σοφῶν*), doch zum Handgebrauch brauchbar. Auch in unsern autographirten Blättern sind Bast's Tafeln viel benutzt.

Aehnlicher Art ist Ch. Walz Epistola critica ad J. F. Boissonade, 1831, worin ebenfalls besonders auf die häufig vorkommenden Verwechselungen, namentlich der Präpositionen, aufmerksam gemacht ist.

Sehr gründlich und lehrreich sind die Untersuchungen von Joh. Leonh. Hug über die Handschriften des Neuen Testaments in seiner Einleitung in die Schriften des N. T. (4. Aufl. 1847). Bedeutend erweitert ist dann unsere

Kenntniss der ältesten Schrift, von welcher Montfaucon noch so ungenügende Kunde hatte, vorzüglich durch die Untersuchungen und Entdeckungen von Constantin Tischendorf, welcher auch eine umfassende Paläographie in Aussicht gestellt hat; seine Schriftproben sind an Schönheit und Treue unübertroffen. Vorzüglich hervorzuheben ist die ausführliche Einleitung zu seinem Novum Testamentum Graece. Ed. VII. critica major. Lips. 1859, und das Vorwort der Ausgabe des Sinaiticus mit der Uebersicht ältester Uncialschriften auf Tab. XX. XXI. so wie die Prolegomena der Monumenta Sacra inedita. Lips. 1846. Collectio nova I—III. V. 1855—1865. Ferner die Anecdota Sacra et Profana. Ed. II. Lips. 1861.

Eine vortreffliche Reihe datirter Schriftproben von 905—1470 findet sich in dem Katalog der griechischen Handschriften der Marcusbibliothek zu Venedig von Zanetti (Graeca D. Marci Bibliotheca, 1740 f.); sehr schöne, doch nach Tischendorfs Behauptung fehlerhafte, im zweiten Bande der Paléographie Universelle von Silvestre (Paris 1841); ferner im Catalogue of Manuscripts in the British Museum, I. 2. Burney Manuscripts, 1840.

Dankenswerth ist die von Fr. Wilken veranstaltete Sammlung von Schriftproben nach Pariser und Heidelberger Handschriften auf 11 Blättern, deren Kupfertafeln die Berliner Universitätsbibliothek besitzt; doch sind sie nicht überall gelungen, und es fehlt jeglicher Text dazu.

Sehr schätzbar ist das kürzlich erschienene Werk: Specimina palaeographica codicum Graecorum et Slavonicorum bibliothecae Mosquensis Synodalis. Saec. VI—XVII. Edidit Sabas episcopus Mosjaisky. Mosqu. 1863. 4. In Commission bei Kittler in Leipzig. Vgl. die Recension von Tischendorf im Lit. Centralblatt 1864, Sp. 548—550. Leider ist durch die unzertrennliche Verbindung mit slavonischen Schriftproben der Preis auf 8 Thlr. gesteigert, und dadurch ein allgemeinerer Gebrauch verhindert. Die Schrifttafeln sind vortrefflich, und von 880 bis 1630 datirt; der Text aber beschränkt sich fast ganz auf die Wiedergabe der facsimilirten Stellen. Die 2 Tafeln mit Alphabeten und 5 mit Abbreviaturen sind weniger gut gelungen.

Was sonst an verschiedenen Orten von einzelnen Schriftproben erschienen ist, wird an passender Stelle erwähnt werden, so weit es dem Zweck dieser Skizze entspricht; doch ist mir hier von dergleichen Werken manches nicht zugänglich, und vieles wird mir entgangen sein; zum Theil auf ältere Excerpte angewiesen, bitte ich die unvermeidlichen Mängel zu entschuldigen.

Die Hauptgattungen griechischer Schrift.

I.

Uncialschrift.

Die griechische Schrift hat sich ganz ähnlich der lateinischen entwickelt, und man unterscheidet auch bei ihr Capitalschrift und Uncialschrift. Erstere, auch Quadratschrift genannt, findet sich in den Inschriften auf Stein und Metall; jeder Buchstabe lässt sich durch ein gleich grosses Quadrat umgrenzen, die geraden Striche sind senkrecht oder horizontal. In Manuscripten findet sie sich nur in Ueberschriften als künstliche Reproduction; man bezeichnet jedoch mit dem Namen auch eine etwas abweichende Gattung, und war früher der Meinung, dass ein Manuscript um so älter sein müsse, je näher es der reinen Steinschrift stehe. Uncialschrift ist ein jetzt gebräuchlicher Name, der ursprünglich aus einem Missverständniss entstanden ist, denn unciales litterae sind ungewöhnlich grosse Buchstaben. Man bezeichnet aber damit eine Majuskelschrift, in welcher die Buchstaben schon mehr gerundete Formen haben, etwas geneigt und von ungleicher Höhe sind. In lateinischer Schrift haben sich beide Gattungen zu scharfgesonderten Kunstformen ausgebildet; in der griechischen ist eine so bestimmte Sonderung nicht erfolgt, und die regelmässige Capitalschrift erscheint mehr als ein jüngeres Product der Kalligraphie, während man die ältesten uns erhaltenen Schriften eher zur Uncialschrift rechnen müsste, so dass es wohl besser ist, von dieser Unterscheidung in Bezug auf griechische Schrift ganz abzusehen. In unsern ältesten Rollen sind die Buchstaben schlank und zierlich, in der Regel etwas geneigt, auch wohl durch einzelne Striche mit einander verbunden. Worttrennung findet sich nirgends. Die Columnen sind bei prosaischen Werken sehr schmal, so dass ein längeres Wort wohl einmal eine ganze Zeile füllt; fällt eine Interpunction in dieselbe, so wird zwischen das erste Wort dieser und der folgenden Zeile ein kleiner Querstrich gesetzt, bei grösseren Abschnitten ein Haken (*κορωνίς*), während ein Punkt oder ein kleiner Zwischenraum den Einschnitt bezeichnet. Doch fehlt auch in manchen Rollen alle Interpunction.

Im Jahre 1821 kaufte der Engländer Bankes in Elephantine für 300 Pfd. Sterl. eine wohl erhaltene Papyrusrolle der Ilias, welche den letzten Gesang von v. 127 an vollständig enthält, vielleicht das schönste uns erhaltene Beispiel alter alexandrinischer Kalligraphie in der Zeit der Ptolemäer. Eine Collation und Schriftprobe gab er 1832 im Cambridger Philological Museum I, 177 ff. Accente und Spiritus sind von anderer Hand hinzugefügt, der Spiritus lenis fehlt jedoch fast überall. Auch *ι* subscriptum ist im ursprünglichen Text meist weggelassen (nur v. 433 *ΠΕΙΡΑΙ* und 390 *ΠΕΙΡΕ* statt *πειρᾷ*); auch diese nebst Apostrophen und Punkten (als Interpunction) sind nachgetragen. Am Rande sind abweichende Lesarten und ausgelassene Verse angemerkt, mit einer sehr flüchtigen, der Cursive nahe stehenden Hand. Aller Wahrscheinlichkeit nach war es ein alexandrinischer Grammatiker, dem man sein Handexemplar mit ins Grab gab. Die so häufigen Verwechselungen der Vocale, *ΕΙ* für langes *Ι*, *ΑΙ* für *Ε*, *Η* für *ΟΙ*, finden sich schon hier, wie sie auch in Inschriften schon früh vorkommen.

Ein Fragment von Ilias *Σ* fand Harris bei einer Mumie zu Menfalut in Ober-Aegypten. Ein unvollkommenes Facsimile ist im Anzeigeblatt der Archäologischen Zeitung 1849 p. 93. Auch darin kommen Spiritus und Accente vor, der Spiritus asper im Context in einer dem offenen karolingischen *a* ähnlichen Form, die sich auch in den Herculanensischen Rollen einmal findet. Man erkennt hierin deutlich die besondere dem Homer zugewandte Sorgfalt; sonst finden sich diese Zeichen nur noch bei dem Fragment des Alkman.

In der Hand derselben Mumie befand sich ein Buch von Papyrusblättern, auf welchen Stücke der Ilias, und auf der Rückseite in entgegengesetzter Richtung *Τρύφωνος τέχνη γραμματική* geschrieben waren; wohl ohne Zweifel eine schadhaft gewordene und zerschnittene Rolle; s. The Journal of Classical and Sacred Philology, 1854 p. 264.

Andere Fragmente der Ilias befinden sich in der Sammlung des Louvre und sind jetzt in der Publication der Papyrus facsimilirt, pl. 12 (auch Silv. II, 2), die Fragmente von Il. *Ν*, ebenfalls mit Spiritus und Accenten, von denen wohl anzunehmen ist, dass sie auch hier erst nachträglich zugesetzt wurden, wo irgend ein Zweifel es nöthig erscheinen liess, denn consequent durchgeführt sind sie keineswegs; auf pl. 49 Stücke von Il. *Σ* in mehr regelmässig kalligraphischer Schrift, doch mit abgerundetem *A*, und Il. *Z* ohne Accente und mit ganz normaler Gestalt des *A*.

Paläographisch besonders werthvoll durch die Möglichkeit einer Altersbestimmung ist das ziemlich umfangreiche illustrirte Werk über Astronomie: *ΕΥΔΟΞΟΥ ΤΕΧΝΗ*, ebenfalls im Louvre (pl. 1—10), auf dessen Rückseite Actenstücke von 165 und 164 a. C. eingetragen sind. Die Schrift der Abhandlung ist nicht kalligraphisch und nähert sich mehr der Cursive. Viel schöner geschrieben, durchaus kalligraphisch, ist das, durch die Erhaltung von Versen alter Dichter wichtige Fragment de Dialectique ib. pl. 11, auf dessen Rücken im J. 160 a. C. einer jener Träume im Serapeum eingetragen ist, auf welche man damals so grossen Werth legte.

Die bedeutendste Entdeckung aber ist die dreier Reden des Hyperides, welche 1847 in einem Grabe bei Theben gefunden, und nach und nach von A. C. Harris, Joseph Arden, H. Stobart erworben wurden; die Araber pflegen nämlich ihre Entdeckungen, und leider auch die Schriftrollen zu theilen und einzeln zu verkaufen. Veröffentlicht sind die ersten Fragmente von Harris 1848; dann von Churchill Babington: *ΥΠΕΡΙΔΗΣ ΚΑΤΑ ΔΗΜΟΣΘΕΝΟΥΣ*, 1850, mit Facsimile und Alphabet: 1853 mit Ardens Erwerbung, *ΥΠΕΡΙΔΟΥ ΛΟΓΟΙ Β*, ganz facsimilirt, und endlich 1858 der von Stobart mitgebrachte und vom British Museum erworbene *ΛΟΓΟΣ ΕΠΙΤΑΦΙΟΣ*, vortrefflich facsimilirt von J. O. Westwood. Wiederholt mit vollständigem Facsimile ist die Rede für Euxenippos 1861, der Epitaphius 1864 von Domenico Comparetti in Pisa. Die Schrift des Ἐπιτάφιος ist nicht kalligraphisch, die Columnen sehr nahe an einander, und durch einfache Dintenstriche getrennt. Hier sind keine Accente und Spiritus, aber die Interpunction ist in der oben beschriebenen Weise bezeichnet. Der Titel steht, wie bei der Ilias und in den Herculanensischen Rollen, unter der letzten Zeile; auch am Anfang ist er von einer anderen Hand zugeschrieben, die ebenfalls im Text allerlei verbessert und in ganz flüchtiger Uncialschrift nachgetragen hat. Einige doppelt geschriebene Zeilen sind mit Punkten über den Buchstaben getilgt. Um das Gleichmaass der Zeilen zu bewahren, sind Buchstaben kleiner geschrieben, *N* durch einen Querstrich vertreten, sonst auch Häkchen zur Ausfüllung leerer Räume gesetzt.

Hierher gehört ferner das von Mariette erworbene und von Egger (Mémoires d'histoire ancienne p. 159—175) herausgegebene Fragment des Alkman, eine in Musselin gewickelte Rolle, welche Araber zwischen den Beinen einer Mumie unweit der zweiten Pyramide von Sakkarah gefunden haben. Von drei Columnen ist die mittlere ganz erhalten, mit einzelnen Accenten, Spiritus und noch anderen Zeichen. Bei Stellen, welche einer Erklärung bedürfen, steht ein χ am Rande; Scholien stehen in kleiner Schrift zwischen den Columnen. Ein vollständiges Facsimile enthält die Ausgabe der Pariser Papyrus pl. 50; dazu p. 416—420 der Text von Egger. Von einem Fragment, das, wie es scheint, zu demselben Funde gehört, in schönster runder Uncialschrift, giebt Tischendorf ein Facsimile, Cod. Sinait. Tab. XX. n. 7.

Andere Fragmente aus der Gegend von Theben bespricht Egger Mém. p. 175—196, darunter das Ende einer Rolle, die eine Rede enthielt, mit einigen Abkürzungen und Correcturen, vielleicht ein Autograph.

Besonders merkwürdig sind die Wachstafeln, welche sich jetzt im British Museum, First Egyptian Room, Case 87 n. 5849 befinden, zwei ganz roh gearbeitete Holztafeln, deren innere Seite mit einer sehr dünnen Lage von farblosem Wachs überzogen ist. Die zweite Tafel enthält fast gar kein Wachs mehr, und darauf eine fast unleserliche Zeile[1]); auch auf der vorderen ist das Wachs hin und wieder abgesprungen, doch sind folgende 8 Zeilen grossentheils lesbar:

: : ΨΥΧΟ : ΓЄΓΛΥΙΛΒΡΟΒЄΙΟΙ
ЄΝΔΟΘЄΝΛΥΔΛΝ
: : Θ : : Ν : ΥЄΗΩΝ
: Є : : : Μ : ΝΛΙϹΤΟΜΛΙ :
: : : : ЄΠΙΔΟΧΜΩΘЄΝ
: Δ : : ΡΙΩΝΤЄΤΥΠΩΜΛΙ
: : ΓЄΛΩΟΝΛΤΟΙϹΚΟΥΠΟ
: : : : : : ΧΟΥ : : : : ΛΡΟϹ

Am Ende der Zeilen scheint nichts zu fehlen, nur an der vierten vielleicht ein Buchstabe. *E* hat, wie immer, die abgerundete Form, *Ψ* ist ein ein einfaches Kreuz, *Υ* in den ersten Zeilen ganz das lateinische V. Die Schriftzüge sind fest und sicher.

Auch in Paris befinden sich ähnliche Tafeln, die bei einer Mumie in der Gegend des alten Memphis gefunden sind, im Cabinet des Médailles n. 3491. Sie sind ebenso einfach und schmucklos, aber kleiner, und bestehen aus 5 Blättern, wovon 8 Seiten zum Schreiben bestimmt waren. Zwei davon enthalten ziemlich ungeschickt geschriebene Alphabete, die übrigen eine Rechnung. Die Schrift ist eine etwas jüngere Majuskel, im Uebergang zur Cursive, doch sind mit Ausnahme von *ΛΙ* die Buchstaben noch unverbunden:

---

1) Herr Professor B. Stark, der so freundlich gewesen ist, mir seine Lesung mitzutheilen, hat hier entziffert:

ΛΟΝΔΟΙΟΥΠЄΝΚΛΦ... ΗΠΦ

Unsere Bemühungen wurden durch trübes Regenwetter erschwert; bei günstigerem Licht und wiederholter Betrachtung wird manches sicherer festzustellen sein. Im folgenden Stücke sehen die beiden ersten Buchstaben (vor *Ψ*) fast wie *ΨΝ* oder *ΦΝ* aus; nach *Ο* etwas wie *Є*. Das letzte Wort las Stark *ΒΡΟΤЄΡΟΙ*. — Z. 3 kann *Υ* ein verstümmeltes *Ν* sein. — Z. 4 ist bei St. der letzte Buchstabe *Τ*, nicht *Ι*. — Z. 5 ist *ΟΧΜ* und *Ν* am Ende zweifelhaft.

s. Fr. Lenormant, Lettre à M. Hase sur les tablettes Grecques trouvées à Memphis, Revue Archéologique 8 (1852) p. 461. Réponse de M. Hase p. 89.

Diesen ägyptischen Funden zunächst stehen die Herculanensischen Rollen, welche vor 79 p. C. geschrieben sind: 1756 sind nach Jorio gefunden, aber nur ein kleiner Theil ist aufgerollt und entziffert. Ueber dieselben und über die ebenso mühsamen wie sinnreichen Arbeiten zur Nutzbarmachung des verkohlten Papyrus s. C. G. Murr de Papyris Herculanensibus. 1804, und desselben Uebersetzung des Philodemus von der Musik, 1806. Jorio, Real Museo Borbonico. Officina de' Papiri. 1825. Castrucci, Tesorio letterario di Ercolano, ossìa la reale officina dei papiri Ercolanesi. Nap. 1855. qu. Bluhme, Iter Italicum 4, 34 ff. Die Schrift zeigen die ganz facsimilirten Ausgaben: Herculanensium Voluminum Tomus I—XI. Nap. 1793—1855. Collectio altera I—V. 1862—1865. Herculanensium Voluminum 1. 2. Oxonii 1824. 1825. oct. Ein schönes Facsimile in Farbendruck giebt Silvestre II, 4: verschiedene Proben Tischendorf Cod. Sinait. Tab. XX, 1—5. Die Buchstaben stehen isolirt; die Schrift ist sehr regelmässig, ohne andere Zeichen als die erwähnten Interpunctionsstriche. Nach der Laune einzelner Schreiber ist die Form der Buchstaben hin und wieder etwas verschieden. Abkürzungen sind in einigen Rollen ziemlich häufig.

Bei diesen Rollen findet sich die Sitte, die Columnen (σελίδες) und Zeilen (στίχοι) zu zählen, und am Schluss die Summe anzugeben; man findet dergleichen Angaben auch in späteren Handschriften, aber sie sind nur mit dem Text abgeschrieben und treffen nicht mehr zu; s. darüber Ritschl, Die Alexandrinischen Bibliotheken, Breslau 1838, mit einem Anhang über die Stichometrie.

Diesen Rollen zunächst steht der von C. Tischendorf entdeckte und 1862 herausgegebene Codex Sinaiticus[1], wohl der älteste noch vorhandene

[1] Vorher erschien: Codex Friderico-Augustanus (der in Leipzig vorhandene Theil des Sinaiticus) ad modum codicis editus, 1846, ganz lithographirt, und Notitia editionis codicis Bibl.

Pergamentcodex, der einzige welcher auf jeder Seite vier schmale Columnen hat, und also aufgeschlagen noch ganz den Rollen gleicht. Das Pergament ist gelblich, gut geglättet, Linien je eine für 2 – 3 Zeilen, und zur Abgrenzung der Columnen an den Seiten mit dem Griffel eingedrückt. Nadelstichen an den Rändern entsprechend. Die Dinte ist bräunlich, Ueberschriften und Zahlen roth. Interpunctionen sind selten, abgesehen von den vielen Punkten neueren Ursprungs; hin und wieder die bekannten Striche. Zur Füllung dienen Häkchen. Die Anfangsbuchstaben nach einem Absatz sind nicht grösser, aber etwas ausgerückt. Auffallend sind alte starke Punkte als Apostrophe zwischen Vocalen (*ΙΜΑΤΙΑ'ΑΥΤΩΝ*) und nach Eigennamen (*ΙΟΥΔΕΙΘ', ΙΩΒ*), eine Sitte, die auch in jüngeren Handschriften häufig ist, und vielleicht zur richtigen Worttrennung anleiten soll. Tischendorf setzt die Handschrift ins vierte Jahrhundert; sie mag wohl noch in jene Zeit reichen, da Eusebius, vom Kaiser Constantin 331 beauftragt, 50 Exemplare der h. Schrift mit grossem Aufwand anfertigen liess, nach Vita Const IV. 36. 37.

Ziemlich derselben Zeit gehört auch der berühmte Codex Vaticanus 1209 (Evangg. *B*), in 3 Columnen. Das Pergament ist sehr fein; es soll, wie beim Cod Alexandrinus und Ephraemi Syri, von Antilopen herrühren. Die Schrift ist eine einfache reine Uncialschrift, auch am Anfange der Bücher ist der erste Buchstabe nicht grösser wie die übrigen, was sich nur noch im Sinait. und einigen sehr alten Fragmenten wiederfindet. Interpunctionen sind sehr selten, meist nur durch einen kleinen Zwischenraum angedeutet. Fast überall ist die Schrift von zweiter Hand überzogen; Proben der ursprünglichen bei Tischendorf in den Studien und Kritiken 1847, 1, 129—152 und Cod. Sinait. Tab. XX. Trotz aller Schönheit der Ausführung ist der Text, was häufig vorkommt, sehr fehlerhaft, besonders durch Homöoteleuta viele Auslassungen veranlasst, auch oft Vocale verwechselt. Vgl. Dell' antichissimo codice Vaticano della Bibbia Greca. Dissertazione del P. D. Carlo Vercellone

---

Sinaitici, 1860. Die vollst. Ausgabe ist mit genau nachgebildeten Typen gedruckt, ausserdem mit reichen Schriftproben versehen, welche Beispiele aller ältesten Uncialschriften geben.

Barnabita, in den Dissertazioni della Pontificia Accademia Romana di Archeologia, Vol. XIV (1860) p. 323—343.

Die Psalmen, die Salomonischen Schriften und das Buch Hiob sind hier, wie überall, als poetische Schriften in Absätzen geschrieben; man nannte sie deshalb *βίβλους στιχηρούς*, seitdem Origenes diese Sitte vom hebräischen Text auch auf den griechischen übertragen hatte. Hieronymus übertrug dasselbe Verfahren in seiner lateinischen Uebersetzung auch auf die Propheten, und beruft sich dabei auf die Handschriften des Demosthenes und Cicero, in denen es auch üblich sei (nämlich nach Ritschl's Vermuthung zum Gebrauch in den Rhetorenschulen), in der merkwürdigen Stelle der Vorrede zum Jesajah: Nemo cum prophetas versibus viderit esse descriptos, metro eos existimet apud Hebraeos ligari, et aliquid simile habere de psalmis et operibus Salomonis; sed quod in Demosthene et Tullio solet fieri, ut per cola scribantur et commata, qui utique prosa et non versibus conscripserunt, nos quoque utilitati legentium providendo interpretationem novam novo scribendi genere distinximus[1].

Diese Sitte wandte der alexandrinische Diaconus Euthalius auf das griechische Neue Testament an, und brachte im J. 462 eine solche Handschrift der paulinischen Briefe zu Stande. Ausführlich handelt darüber Hug in der Einleitung zum N. T. 4. Aufl. 1, 222 ff., bei dem man auch § 43 eine lehrreiche Zusammenstellung der Irrthümer und Zweifel findet, welche durch den gänzlichen Mangel an Worttrennung und Lesezeichen entstanden waren. Man konnte zum Ketzer werden, ohne es zu wissen. Besonders dringend war aber das Bedürfniss einer solchen Hülfe für das öffentliche Vorlesen, und Euthalius sagt deshalb (Zacagni Collect. 1, 410. Gallandii Bibl Patr. 10, 201: *στοιχηδόν* (l. *στιχηδόν*) *τε συνθεὶς τούτων τὸ ὕφος κατὰ τὴν ἐμαυτοῦ συμμετρίαν πρὸς εὔσημον ἀνάγνωσιν.* Und ähnlich heisst es in der Unterschrift des Cod. Coislin. (*H*) der Paulinischen Briefe aus dem sechsten Jahrhundert: *Ἔγραψα καὶ ἐξεθέμην κατὰ δύναμιν στιχηρὸν τόδε τὸ τεῦχος Παύλου τοῦ*

[1]) Ritschl l. c. p. 108 führt eine Stelle des Salmasius an, nach welcher ein Codex Regius der Tusculanen so geschrieben ist.

ἀποστόλου πρὸς ἔγγραμμον καὶ εὐκατάληπτον ἀνάγνωσιν τῶν καθ' ἡμᾶς ἀδελφῶν. Ausser dieser Handschrift sind noch der Cod. Claromont. (Epist. D), Laudianus (Act. E) und Bezae (Evang. D) aus dem sechsten Jahrhundert so geschrieben: man pflegt das Stichometrie zu nennen: besser ist der von Ritschl angewandte Ausdruck Stichotomie. Die damit verbundene grosse Raumverschwendung veranlasste jedoch bald, die Absätze durch Punkte und Kreuze zu ersetzen, wie z. B. im Cod. Cyprius (Cod. K).

Dieselbe Rücksicht auf das Vorlesen war es auch, welche zum Gebrauch der Spiritus und Accente führte, die vom 7. Jahrhundert an gewöhnlich werden, in vielen Handschriften aber nachträglich zugesetzt sind. Einzeln hat man diese Zeichen schon früher angewandt; Epiphanius († 403) erwähnt, dass man dergleichen Handschriften hatte[1]), und Euthalius führte auch diese Neuerung in die Schriften des Neuen Bundes ein, allein es dauerte noch lange, bis die Kalligraphen sich an diese neue Zumuthung gewöhnten. Doch ist es hier und in den Homerischen Gedichten am frühesten geschehen, wie sich denn auch bei beiden die sorgsame Behandlung des Textes durch die kritischen Zeichen bekundet.

Es ist natürlich, dass an verschiedenen Orten verschiedene Schriftarten sich ausbildeten. Der Hauptsitz alter Kalligraphie war Alexandria (Montf. p. 109) und von der hier üblichen Schreibart unterschied sich die byzantinische Kalligraphie; aber auch in dieser wechselten die Moden, und einzelne Schreiber haben ihre besonderen Eigenthümlichkeiten. Im allgemeinen steht es fest, dass die jüngsten Handschriften am entartetsten und von der reinen alten Form am meisten abgewichen sind, doch konnte auch immer wieder ein Kalligraph nach guten alten Vorbildern arbeiten[2]), und die Altersbestimmung

---

[1]) *περὶ μέτρων καὶ σταθμῶν: Ἐπειδὴ δέ τινες κατὰ προσῳδίαν ἔστιξαν τὰς γραφάς, καὶ περὶ τῶν προσῳδιῶν τάδε· ὀξεῖα ´, δασεῖα ʽ, βαρεῖα `, ψιλὴ ʼ, περισπωμένη ῀, ἀπόστροφος ʼ, μακρὰ ¯, ὑφὲν ‿, βραχεῖα ˘, ὑποδιαστολὴ ,.*

[2]) Von einer Fälschung des Photius heisst es in der von Hug angeführten Stelle des Concil. Constantinop. IV. a. 869: *τὸ σύγγραμμα καταρτισάμενος, ἐπὶ παλαιοτάτων μὲν τοῦτο χαρτίων*

der einzelnen Handschriften ist sehr schwierig. Auch das Material hatte auf die Form der Buchstaben Einfluss, und wie man mit dem Griffel anders schrieb, wie mit dem Rohr, so auch auf dem zarteren Papyrus anders wie auf dem festen Pergament, zumal wenn der Pinsel zum Schreiben gebraucht wurde. So finden wir auf den Papyrusblättern der Psalmen im Brit. Museum bei Westwood, Early Greek Manuscripts 6 und Tischendorf. Nova Coll. I. Tab. III. n. 8. eine zur Cursive neigende flüchtige Uncialschrift, welche leicht neuer als andere kalligraphische Handschriften erscheinen könnte, dennoch aber sowohl wegen sachlicher Gründe, als wegen des Mangels grösserer Initialen und fast aller Interpunction, von Tischendorf dem vierten, wenn nicht noch einem früheren Jahrhundert zugeschrieben wird. Aus etwas jüngerer Zeit tritt uns eine eigenthümlich ägyptische, zuletzt ins Koptische übergehende Schriftform entgegen in dem Papyrusfragment aus Tours bei Montf. p. 214, in den Borgia'schen Fragmenten mit sahidischer Uebersetzung (Cod. T), welche Tischendorf ins 5. Jahrhundert setzt (Schriftprobe Cod. Sin. Tab. XX), den Palimpsestblättern ex libris Regum, Anecd. Tab. I, 9. Nova Coll. I. Tab III, 4 u. II. Tab. n. 3, dem Cod. prophet. Vat olim Claromontanus, bei Montf. p. 224 u. A. Mai, Nova Patrum Bibl. IV, 320, den Hamb. Lond. Fragmenten Paulinischer Briefe bei Tischend. Anecd. Tab. III, 1.

Wohl zu den ältesten Pergamenthandschriften gehört der ambrosianische Codex der Ilias, herausgegeben von Angelo Mai unter dem Titel: Iliadis fragmenta antiquissima cum picturis. Mediolani 1819 in folio. Er war in quarto geschrieben und enthielt 24 Verse auf jeder Seite; wir besitzen aber nur 58 Bilder mit den auf der Rückseite stehenden Versen, welche mit Papier überklebt waren; der Rest ist abgeschnitten. Die Bilder stehen von allen vorhandenen der guten antiken Kunst am nächsten. Die Schrift ist ausserordentlich schön, ganz gleichmässig, nur Φ und Ψ reichen über und unter die Zeile. Das Facsimile zeigt Apostrophe, auch zwischen Vocalen, wo nichts

---

γράμμασιν ἀλεξανδρίνοις, τὴν ἀρχαϊκὴν ὅτι μάλιστα χειροθεσίαν μιμησάμενος γράφει· ἀμφιέννυσι δὲ καὶ πινάκιας παλαιοτάτοις ἐκ παλαιοτάτου βιβλίου ἀφαιρούμενος. Mansi XVI, 284.

ausgefallen ist, und Interpunctionsstriche. Ausserdem kommen nach Mai von zweiter Hand Spiritus vor, auch mitten im Wort, Hypodiastole, Hyphen bei Compositen, Punkte, und die Bezeichnung ungewöhnlicher Längen und Kürzen.

Merkwürdig ist das Fragment eines griechischen Mathematikers, welches A. Mai im Anhang zu den Ambrosianischen Palimpsesten des Ulfila (Mediol. 1819) facsimilirt hat, eine leichte zierliche und gleichmässige Schrift ohne alle Zeichen, aber mit zahlreichen und starken Abkürzungen, welche sonst in Uncialschrift fast gar nicht vorkommen, weil uns meistens nur kalligraphische Prachtstücke erhalten sind. Nur die kirchlichen Schriften haben eine bestimmte Anzahl regelmässig wiederkehrender Abkürzungen.

Ein rechtes Prachtstück ist die Wiener Genesis, in Gold und Silber auf Purpurpergament geschrieben, 24 Quartblätter mit 48 Gemälden, von denen Lambecius III, 3 ed. II. ungenügende Proben giebt; vom Text III, 510 und Montfaucon p. 194, eine Zeile bei Tischendorf Cod. Sinait. Tab. XXI. Die Schrift ist ziemlich steif, Doppelpunkte und einfache oben und unten als Interpunction, eine kurze starke Linie für beiderlei Spiritus fast ohne Unterscheidung.

Aelter ist wohl die durch Feuer sehr beschädigte Genesis der Bibl. Cottoniana im British Museum. Proben giebt Westwood, Palaeographia sacra pictoria, Early Greek Manucripts 1. 2; ältere, aber mangelhafte, die Collatio Codicis Cott. facta a Jo. Ern. Grabe, edita a Henr. Owen, Lond. 1778. Ein Facsimile des Textes vor dem Brande bei Astle, Origin and Progress of writing p. 70; neue bei Tischendorf, Nova Coll. II, Tab. n. 5[a], 5[b] und Cod. Sinait Tab. XX. Die Interpunction entspricht hier genau der Definition des Dionysius Thrax (Bekk Anecd. II, 630): *Στιγμαί εἰσι τρεῖς, τελεία, μέση, ὑποστιγμή· καὶ ἡ μὲν τελεία στιγμή ἐστι διανοίας ἀπηρτισμένης σημεῖον, μέση δὲ σημεῖον πνεύματος ἕνεκεν παραλαμβανόμενον, ὑποστιγμὴ δὲ διανοίας μηδέπω ἀπηρτισμένης ἀλλ' ἔτι ἐνδεούσης σημεῖον.* Nach einem Abschnitt beginnt die folgende Zeile mit einem grösseren Buchstaben: eine noch in der Minuskel häufige Methode, wobei der Text nicht unterbrochen wird; der grosse Buchstabe fällt daher oft mitten in ein Wort. Die Bilder sind noch fast ganz antik, und zeigen nach Waagen (Treasures of Art in Great Britain I, 97) nur die ersten Anfänge speciell byzantinischer Kunst. Tischendorf setzt sie ins fünfte Jahrhundert.

Eine Prachthandschrift wie die Wiener, aber ohne Bilder, ist die Evangelienhandschrift Cotton. Titus C xv, Facs. bei Westwood, Purple Greek Manuscripts 2. Die Schrift ist silbern auf Purpur, die Worte $\overline{\Theta C}$ (θεός), $\overline{KC}$ (κύριος), $\overline{IHC}$ (Ἰησοῦς), $\overline{\Pi P}$ (πατήρ) u. a. Gold. Nach Tischendorf, der sie in das 6. Jahrhundert setzt, gehören zu den 4 Blättern des Br. Mus. noch 6 Blätter in Rom und zwei in Wien (Cod. N). Proben von allen giebt er Mon. Sacra ined. I. Tab. II; von den Wiener Blättern Silv. II, 16.

Weit älter, ja nach Tischendorf von gleichem Alter mit dem Vaticanus, und ebenfalls in Aegypten geschrieben ist die schöne Quarthandschrift des Octateuch, deren zerstreute Theile sich jetzt in Paris, Leiden und Petersburg befinden; das Alter wird bezeugt durch das Fehlen grösserer Anfangsbuchstaben, die Häkchen zur Ausfüllung, die schöne regelmässige Schrift. Apostrophe kommen vor, und hin und wieder einzelne und Doppelpunkte. Den grössten Werth aber verleihen der Handschrift die von Origenes eingeführten Asterisci und Obeli. Eine ungenügende Schriftprobe ist bei Montf. p. 188, eine bessere giebt Tischendorf, Nova Coll. III. Tab. I.

Keine Accente und Spiritus, aber Punkte in der Höhe der Buchstaben, und grössere Buchstaben am Anfang der Abschnitte, hat der berühmte Codex Alexandrinus der Bibel im Brit. Museum (Cod. A), der vor der Mitte des 5. Jahrhunderts in Aegypten geschrieben ist, wo er 1098 dem Patriarchat zu Alexandria geschenkt wurde; 1628 schenkte ihn der von Alexandria nach Konstantinopel übergegangene Patriarch Cyrill Lucaris an König Karl I. Er ist in 2 Columnen geschrieben, Griffellinien gehen über die ganze Seite. Herausgegeben ist er zuletzt von Baber 1812—1826 mit nachgeschnittenen Typen, doch nicht mit hinreichender Genauigkeit; s. Tischendorfs Prolegg. V. T. p. XXXVIII. N. T. p. CXXXV. Schriftprobe Cod. Sinait. Tab. XX. Westwood, Early Greek Manuscripts 3.

In den Anfang des 5. Jahrhunderts wird auch der Codex C (Regius 9) gesetzt: Codex Ephraemi Syri rescriptus sive Fragmenta utriusque Testamenti e codice Graeco Paris. celeberrimo V. ut videtur p. C. saeculi, ed. C. Tischendorf, 1845, in 2 Quartanten. Schriftproben auch Cod. Sin. Tab. XX. Die obere Schrift ist schöne alte Minuskel des 12. Jahrhunderts. Die Zeilen gehen ohne Columnen über die ganze Seite. Abschnitte beginnen mit grösseren Buchstaben; am Schlusse steht ein Kreuz, ausserdem Punkte unten und in der Mitte. Accente fehlen. Am Anfange jedes Buches sind 3 Zeilen roth. Auch diese Handschrift stammt aus Aegypten, so wie der Dubliner Palimpsest des Evangelium Matthaei in der Recension des Hesychius: Evangelium secundum Matthaeum ex codice rescripto in bibliotheca collegii Sanctissimae Trinitatis iuxta Dublin descriptum opera et studio Jo. Barret, Dubl. 1801, in Kupferstich; vgl. Hug 1, 244. Bei Tischendorf Cod. Z. Keine Columnen, aber Absätze und Interpunction mit dreierlei Punkten. Die Gestalt des λ und *M* nähert sich der koptischen Form.

Die profane Litteratur ist in dieser Zeit vertreten durch den syrischen Palimpsest des Homer: Fragments of Homer from a Syriac Palimpsest, 1851 von Cureton herausgegeben, im British Museum. Blätter der Bibel[1]) und des Euklid sind unter demselben syrischen Text, welcher ins neunte Jahrhundert gesetzt wird. Am Ende der Verse sind des Raumes wegen starke Abkürzungen; einzelne Spiritus ähnlich wie in der Wiener Genesis, Apostrophe zwischen Vocalen, wo nichts ausgefallen ist, auch mitten im Wort. Accente und andere Spiritus scheinen von zweiter Hand zugesetzt.

Aus derselben Zeit, oder älter, ist auch der Dio Cassius in 3 Columnen, Cod. Vat. 1288, bei Tischendorf Cod. Sinait. Tab. XX. und Silvestre II, 7; daselbst tab. 8. der Psalter, Cod. Vat. 625, tab. 9. der Pentateuch, Regius 17. Der Schrift des Dio Cassius sehr ähnlich ist nach Tischendorf das sehr alte Psalmenfragment, Nova Coll. II. Tab. n. 8ª, 8ᵇ, noch ohne grössere Anfangsbuchstaben.

[1]) Fragmente des Lucas, Cod. R. nach Tisch. aus dem 6. Jahrh. s. Mon. Sacra Inedita, Nova Collectio II, Tab. n. 1. Noch ins 4. oder 5. Jahrh. setzt dagegen Tisch. die Fragmente des Ev. Joh. aus einem syr. Palimpsest ohne Initialen, s. l. c. n. 7ª u. 7ᵇ. Cod. Sin. Tab. XX.

Dem fünften Jahrhundert schreibt Detlefsen den Wiener Palimpsest einer Legende des h. Georg zu, dessen Fragmente er in den Sitzungsberichten der Akademie 27, 383—404 herausgegeben hat. Das Format war octav, die Seiten nur schmal, ausser einzelnen Interpunctionen keine Zeichen. Sehr viele Verwechselungen von Vocalen.

Eine schon ziemlich verkünstelte Schrift zeigt die ebendaselbst zu p. 172 von Dr. Dethier mitgetheilte Inschrift aus der Zeit Justinians. Viel reiner ist die Schrift des Codex H der Paulinischen Briefe nach der Euthalischen Ausgabe, welchen Tischendorf ins sechste Jahrhundert setzt. Er stammt vom Berge Athos, wo Macarius ihn 1218 zum Einband anderer Handschriften verwandte. Zwölf Blätter davon kamen mit der Coislinschen Bibliothek (n. 202) nach S. Germain, zwei andere nach Moskau, von denen Bischof Sabas eine Photolithographie giebt; auf der Rückseite wiederholt er Montfaucon's Facsimile; ein drittes giebt Silvestre II, 11. Die Schrift ist später überzogen und dadurch sehr dick geworden; auch sind damals Accente etc. zugesetzt: unberührt sind die 7 roth geschriebenen Titelzeilen bei Montfaucon. Diese Handschrift ist per cola et commata geschrieben. Fortlaufend geschrieben ist dagegen der Oktateuch Coislin 1, wovon Montf. Bibl. Coislin. p. 3, Silvestre II, 12, Wilken Proben geben. Die Accente und Spiritus hält Montfaucon auch hier für jünger, aber die Punkte sind alt, wie die Zwischenräume beweisen. Am Rande stehen Parallelstellen des Neuen Testaments, welche Tischendorf im ersten Band der Mon. Sacra ined. mit einer Schriftprobe (Tab. III, 8) herausgegeben hat.

Durch eine ziemlich sichere Handhabe zur Bestimmung des Alters zeichnet sich der Wiener Dioscorides aus, indem er für eine Prinzess Juliana geschrieben ist, höchst wahrscheinlich Anicia Juliana, die Tochter des Kaisers Olybrius, welche im Anfang des 6. Jahrhunderts am Hofe von Byzanz lebte. Die Handschrift ist sehr kostbar ausgestattet, und enthält in ihrem递ttheil alphabetisch geordnete Beschreibungen officineller Pflanzen, denen Abbildungen derselben beigegeben sind. Interpunctionen und Accente sind nachträglich hinzugefügt. Lambecius II, 119—265 ed. II hat die Handschrift nach seiner

Weise sehr weitschweifig beschrieben, Montf. p. 195—211 diese Beschreibung abgekürzt Eine Schriftprobe giebt auch Pertz im Archiv IV, 521, Silvestre II, 10. Montfaucon p. 214 giebt von einer andern wenigstens ebenso alten Handschrift des Klosters S. Joh. de Carbonara in Neapel Nachricht und ein Alphabet daraus; sie ist jetzt auch in Wien Ein anderes nicht alphabetisches Exemplar, welches in Aegypten geschrieben zu sein scheint, Reg. 2130, beschreibt Montfaucon p. 256—259; der Spiritus und Accente wegen setzt er es erst ins 9. Jahrhundert Dergleichen Pflanzenbücher lassen sich, wenn auch nicht in griechischer Sprache, in ununterbrochener Folge bis zum Beginn der Buchdruckerei verfolgen, welche denselben eine noch weitere Verbreitung gab.[1])

Dem sechsten Jahrhundert gehören die griechisch-lat. Handschriften, der Codex Bezae der Evangelien und Apostelgeschichte (Cod. D) und Codex Claromontanus (Reg. 2245, jetzt 107) der Paulinischen Briefe (Epist. D), jener von Kipling 1793 mit nachgeschnittenen Typen, dieser 1852 von Tischendorf herausgegeben. Beide sollen nach Hug 1, 246. 250. alexandrinisch sein, und ursprünglich ohne Spiritus und Accente geschrieben, aber per cola et commata. Schriftprobe des Cod. Bezae ausser bei Kipling auch bei Astle Tab. V, p. 72 und Westwood, Graeco-Latin Ante-Hieronymian Manuscripts; des Claromont. bei Montf. p. 216. Eine Abschrift dieses letzteren von unsicherem Alter ist der Cod. Sangermanensis, jetzt in Petersburg (Epist. E), der zum Theil auf einem abgewaschenen Euripides steht. Schriftproben bei Montf. p. 219, Mabillon p. 347, Silvestre II, 14.

In das Ende desselben Jahrhunderts wird der übrigens in ganz ähnlicher Weise geschriebene Cod. Bodl. Laudianus der Apostelgeschichte (Act. E) gesetzt, der aus Sardinien nach England gekommen ist, wo Beza sich seiner

[1]) Nicht zugänglich ist mir: Choulant, über die Handschriften des Dioscorides mit Abbildungen, im Archiv f. d. zeichnenden Künste, von Naumann u. Weigel (Leipz. 1855) 1, 56. Vgl. Notizenblatt d. Wiener Ak. 1853, p. 23 über Benedicti Rinii medici et philosophi Veneti liber de simplicibus von 1415 in der Marcusbibl. zu Venedig, Abbildungen von 432 Pflanzen mit lat., griech., arab., deutschen und slavischen Namen.

bedient haben soll. Schriftproben bei Astle Tab. IV, Westwood l. c. Tisch. Cod. Sin. Tab. XXI.

Ausserdem ist aus dieser Zeit noch der Bobienser ambrosianische Palimpsest des Fronto anzuführen, in welchem neben lat. Capital, Uncial und Cursive auch griechische Uncialschrift vorkommt, s. M. Aurelii Frontonis et M. Aurelii imp. epistulae curante A. Maio, Romae 1823. Ferner der merkwürdige griech.-lat. Psalter in Verona, in dem der griechische Text mit lat. Buchstaben geschrieben ist; Facs. bei Westwood.

In der Folgezeit macht sich das jüngere Alter der Uncialschrift kenntlich durch häufigere Interpunctionen, Spiritus, Accente, durch verzierte Initialen, bald auch durch Verkünstelung der Schrift, namentlich die gedrückte, längliche Form der runden Buchstaben [1]), und einen zunehmend barbarischen Charakter, sowie durch sehr häufige Verwechselungen der Vocale. Nachdem im 9. Jahrhundert die Minuskelschrift in allgemeinen Gebrauch gekommen ist, hält sich die Uncialschrift nur noch für liturgische Zwecke.

In die Mitte des achten Jahrhunderts setzt Tischendorf den Baseler Codex der Evangelien (Cod. E), der durch Johann von Ragusa, welchen das Baseler Concil zu den Griechen sandte, in das Dominicanerkloster zu Basel gekommen ist, s. Tisch. in den Studien und Kritiken 1844, 1, 478–486. Facs. bei Hug, Einl. II. Bemerkenswerth ist dabei, dass im Text die normale runde Schrift älterer Zeit bewahrt ist, Ueberschriften und Randbemerkungen aber die jüngere gedrückte Schrift zeigen.

Sehr verkünstelt ist die Schrift des Cod. Cyprius, K der Evangelien, in Paris, der 1673 aus Cypern in die Colbertsche Bibliothek kam (Colb. 5149, jetzt Bibl. Imp 63). Facs. bei Hug und bei Montf. p 232, der noch viele

---

[1]) Diese findet sich nach Tischendorf, Studien und Kritiken 1844, 1, 485 in den gleichzeitigen griechischen Worten einer syrischen Handschrift von 697. Noch später werden die länglichen Rundungen zugespitzt.

Proben älterer und neuerer Uncialschrift enthält. Ein Lectionar in München bei Silv. II. 15.

Dem Cod. Cyprius sehr ähnlich ist nach Tischendorf der Cod. Tischend. Bodl. (Cod. Γ), der nach Notitia Cod. Sinait. p. 53 und Anecd. Sacra et Prof in Ind. auf später gefundenen Blättern ein Datum hat, welches auf das J. 844 führt. Schriftprobe Anecd. Tab. I, 4.

Nicht älter als das 9. Jahrh. ist nach Tischendorf auch der Cod. V. der Evangelien, Mosquensis S. Synodi, von dem B. Sabas Tab. II, 1 eine Probe giebt; noch jünger die folgenden 3 Evangelistarien, wovon namentlich Tab. III die künstlich nachgeahmte Uncialschrift zeigt, welche bis über das 10. Jahrhundert hinaus gebräuchlich blieb. Man bemerkt darin auch Noten oder Lesezeichen für den kirchlichen Vortrag.

Von besonderer Schönheit ist der für den Kaiser Basilius (867–886) geschriebene Gregor von Nazianz, Cod. Reg. 1809, sehr reich mit Bildern geschmückt. Die Schrift ist leicht und gefällig, etwas geneigt, die Initialen recht barbarisch; s. Montf. p. 252. Silv. II, 18. Waagen, Kunstwerke in Paris p. 202. Mit Figuren geschmückte Initialen beginnen nach Montfaucon im achten Jahrhundert; er hat p. 255 ein Alphabet davon zusammengestellt.

Eine eigene Klasse bilden im neunten Jahrhundert die von Schottenmönchen geschriebenen Codices mit einer ganz eigenthümlichen Schrift. Dahin gehört der von Sedulius Scottus geschriebene Psalter, Montf. p. 237 und in Westwood's Palaeographia Sacra Pictoria. Nach jedem Worte steht ein Punkt, Spiritus fehlen, alle Accente sind nur durch Punkte bezeichnet. Ganz ähnlich, nur ohne Accente, ist der S. Galler Evangeliencodex (Cod. Δ) mit irisch geschriebener lat. Interlinearversion, ganz facsimilirt von Rettig: Antiquissimus Quatuor Evangeliorum codex Sangallensis, Turici 1836, 4. Dieselbe Schrift — es ist die von Wagenfeld zur Schriftprobe seines angeblichen Sanchuniathon benutzte — findet sich wieder in dem von Matthaei herausgegebenen Dresdener Cod. Boernerianus der Paulinischen Briefe (G), der wohl ursprünglich zu dem S. Galler gehörte, und ähnlicher Art ist auch der Codex Augiensis der Paulinischen Briefe (F) im Trinity College,

Cambridge, ed. Scrivener, so wie andere Fragmente bei Westwood, die S. Galler Palimpsestblätter bei Tischendorf, Nova Coll. Tab. II (Cod. W[c]), und das griechisch-lateinische Glossar bei Montf. p. 249.

Datirt endlich sind von den spätesten Handschriften in Uncialschrift Cod. Vat. 354 vom J. 949, s. Tischendorf in den Wiener Jahrbüchern 1847, Band 117, Anz.-Bl. p. 7. Facs. in Bianchini's Evang. Quadrupl. I, Tab. VI; ein Evangelistar von 972 im Catalogue of the Curzon library p. 38, mit gezierten und verkünstelten Buchstaben; ein Evangelistar von 995 bei Montf. p. 514 n. 3, mit musikalischen Noten.

Längst waren solche Handschriften nur noch eine künstlich festgehaltene Antiquität; in einigen, wie z. B. in dem vom Abbé Des Camps 1706 an Louis XIV. geschenkten Evangeliencodex aus der zweiten Hälfte des neunten Jahrhunderts (Cod. M. Reg. 48. Montf. p. 260) finden sich Varianten in Minuskel. Umgekehrt benutzte man auch eine eigenthümliche kleine Uncialschrift mit vielen Abkürzungen zu Scholien, z. B. zum Plato, Reg. 1807. Sonst erhielt sich die Majuskelschrift in Ueberschriften und Inhaltsangaben älterer Minuskel-Handschriften (s. Schriftpr. 1, 5 u. 3 die Unterschrift aus dem J. 1040); in den Unterschriften wird sie später immer mehr verschnörkelt. Eine besondere Abart wurde von Abendländern angewandt, wo sie griechische Worte anbrachten, so von Liudprand in seinem Autograph, Mon. Germ. SS. III Tab. 3, von Leo von Ostia ib. VII Tab. 3, und in dem Sanctgaller Codex der Apokolokyntosis, Sitzungsberichte der Wiener Akademie 44, 13. Ebenso unterzeichnen auch der lat. Schrift unkundige Neapolitaner, s. Regii Neapol. Archivi Monumenta I, 1. Tab. I, 3. cf. p. 18, vom J. 912, I, 2. Tab I, 1 cf. p. 22, vom J. 951. Eine eigenthümliche Mischung griechischer und lateinischer Minuskel findet sich in der Beischrift des Elfenbeinreliefs von einem Mönch Johannes im Musée de Cluny n 387, auf welchem Christus Otto II. und Theophano krönt, indem die Worte IMP. AC (statt AVG.) lateinisch geschrieben sind.

II.

Cursivschrift.

Lange Zeit hat man die Existenz einer alten griechischen Cursive bezweifelt, bis zuerst Schow den Beweis führte in seiner Schrift: Charta papyracea saeculi III. Musei Borgiani, Romae 1788, 4. max. cum 6 tabulis. Er hielt noch diese Urkunde für den einzigen uns erhaltenen Rest; nach langem Zwischenraum folgte 1812 in Florenz: Illustrazione di un papiro greco, che si conserva presso il chiarissimo signor Luigi Lambruschini; 1821 Boeckh mit der Erklärung einer ägyptischen Urkunde auf Papyrus von 104 a. C. in den Abhandlungen der Berliner Akademie; 1826: Lettre de recommendation d'un haut fonctionnaire, Lettre à M. J. Passalacqua, von Letronne, im Catalog der Sammlung Passalacqua; ein von Timoxenes an Moschion geschriebener Brief aus unbestimmter Zeit, welcher noch aufgerollt, zugebunden und versiegelt vorgefunden ist. Seitdem ist das Material rasch angewachsen; sehr schöne Proben giebt Forshall, Description of the Greek Papyri in the British Museum, 1839, 4. Leemann, Papyri Graeci Musei publici Lugduni Bat. 1843 (mir nicht zugänglich) u. a. m. Eben erschienen und mir nur am Schluss der Arbeit zugänglich geworden ist: Notices et Textes des Papyrus Grecs du Musée du Louvre et de la Bibliothèque Impériale, publication préparée par feu M. Letronne, exécutée par MM. Brunet de Presle et E. Egger, Paris 1865 4; der Band XVIII, 2 der Notices et Extraits des Manuscrits, verbunden mit einem Band in gross Folio, welcher die vortrefflichen Facsimile von Théodule Devéria enthält. Die ältesten Proben stehen der Uncialschrift noch ganz nahe, durch alle Stufen kann man die Veränderung und Entartung der Schrift verfolgen, während einzelne Actenstücke auch später kalligraphisch und der Bücherschrift ganz gleichartig sind. Die Worte sind oft getrennt, die Buchstaben meistens mit einander in Verbindung gebracht. Ich begnüge mich hier, einige Urkunden der Zeitfolge nach einzeln hervorzuheben, und bei der Buchstabengeschichte einige Uebergangsformen zur Erläuterung dieser

Schriftart zu entnehmen; sie vollständig durch alle ihre Vielförmigkeit zu verfolgen würde zu weit führen.

Die Zeitbestimmung der uns erhaltenen Actenstücke wird dadurch erschwert, dass zwar in der Regel ein Regierungsjahr angegeben ist, der betreffende König aber zweifelhaft bleibt. So steht an der Spitze der Cursivschriftproben bei Silvestre ein Schreiben, welches vermuthungsweise in das Jahr 260 a. C. gesetzt ist, jetzt aber richtiger 156 a. C. datirt wird. Es stammen nämlich die Vorräthe unserer Museen meistentheils aus einigen grossen Funden; irdene Töpfe, die das Archiv einer Familie enthielten und in ihrer Grabkammer aufbewahrt wurden, sind entdeckt und ihr Inhalt ist in alle Welt zerstreut worden. Durch die Publicationen der verschiedenen Museen finden sich aber nun die einzelnen Stücke in überraschendster Weise zusammen, und so hilft eine Urkunde die Zeit der anderen bestimmen.

Ein grosser Vorrath solcher Papiere stammt aus der Verlassenschaft eines Macedoniers Ptolemaeus, Sohn des Glaucias, welcher im Serapeum zu Memphis als Klausner lebte, und theils für sich, theils für zwei verwaiste Zwillingsschwestern im Serapeum, und auch für andere Leute eine Menge von Actenstücken sammelte und schrieb. Dadurch haben sich auch jener astronomische Tractat und das grammatische Fragment mit den Abschriften auf der Rückseite erhalten. Von diesem Funde, welcher in die Jahre 173 – 153 a. C. gehört, sind 18 Stück im Brit. Museum, viele in Leiden und im Vatican, und über 30 im Louvre; letztere in der neuen Publication pl. 26 – 38 facsimilirt. Zu den ältesten gehört

c. 160 a. C. n. 49. pl. 34. Schreiben des Dionysius an Ptolemaeus, kalligraphisch fast ganz in Buchschrift abgefasst und auch mit Interpunctionen versehen, die sonst immer fehlen. Aus dem Jahr

157 a. C. ist der ausserordentlich schön und deutlich geschriebene Brief des Armais an Posidonius, eine Petition enthaltend, n. 12 pl. 17. In dasselbe Jahr setzt Brunet de Presle den von Letronne dem Jahr 146 zugeschriebenen Steckbrief, worin für die Beibringung von zwei Sclaven, die karischen Gesandten in Alexandria entlaufen waren, eine Belohnung versprochen wird.

publ von Letronne, Récompense promise pour un esclave fugitif, 1833 im Journal des Savants, jetzt n. 10. pl. 18.

156 a. C. Brief von Dioscurides an Dorion, strenge Weisungen an die ägyptischen Finanzbeamten enthaltend, bei Silvestre II, 1 in das J. 260 gesetzt: n. 61. pl. 39.

127 a. C. Plainte en violation de sépulture, 1836 von Letronne herausgegeben in den Nouvelles Annales publiées par la section française de l'Institut archéologique, Tome I, jetzt wiederholt n. 6. pl. 12

127 a. C. Die Petition des Apollonius n. 14. pl 19; 120 a. C. der Prozess des Hermias n 15. pl. 19. 20. Zu diesen Stücken gehören die zahlreichen Turiner Documente, welche Am. Peyron in den Memorie della R. Accademia delle Scienze, T. XXXI (1827) und XXXIII (1829) mit Schriftproben publicirt und eingehend erläutert hat.

114 a. C. Der Contract Casati, n. 5. pl. 13—16. Dazu gehören andere Stücke in Leiden.

104 a. C. Die von Boekh l. c. erläuterte Urkunde nach dem Original in der Ausgabe der Leidener Papyrus wiederholt.

138 p. C. Ein Horoskop aus Hadrians Zeit, in der Pariser Sammlung n. 19. pl. 22. Silvestre II, 5, und in Young's Hieroglyphics Tab. 52.

154 p. C. Ein Kaufcontract n. 17. pl. 21.

233 p. C. Acten in Kanzleischrift, mit amtlichen Vermerken, n. 69. pl. 45.

354 p. C. Eine gut geschriebene Manumissions-Urkunde in Young's Hieroglyphics Tab. 46; eine andere Tab. 33.

Zwei Urkunden von 607 und 613 hat W. A. Schmidt bearbeitet: Die griechischen Pap.-Urkunden der k Bibliothek zu Berlin, 1842; zu ihnen gehören andere von 592, 599, 600, 616, in der Pariser Sammlung n. 20, 21, 21bis, 21ter, pl 23—25 (auch bei Silvestre II, 13) und 47. 48.

Mit diesen letzten Urkunden gelangen wir also fast unmittelbar bis zu der Eroberung Aegyptens durch die Araber.

Eine eigene Abtheilung bilden die Inschriften auf irdenen Scherben, meist Quittungen, sehr flüchtig geschrieben, s. Corpus Inscriptionum Gr. III.

497 ff. Young's Hieroglyphics tab. 53—55. Auf einer solchen Scherbe finden sich 8 Zeilen in höchst barbarischem Griechisch, welche nach der Erwähnung der Wunder Christi in eine Anrufung übergehen; s. Egger, Mém. d'histoire ancienne p. 428 und Observations sur quelques fragments de poterie antique provenant d'Egypte, Mém. de l'Académie des Inscriptions XXI, 1, 377—408 mit Facsimile. Die Buchstaben sind nur hin und wieder verbunden, und die Schrift deshalb kaum cursiv zu nennen. Aehnlicher Art sind die 2 griechischen Zauberpapyri des Berliner Museums, wunderlich synkretistisches Zeug aus dem 4. Jahrh. oder später, welche G. Parthey in den Abhandlungen der Berl. Akad. 1865 mit schönem Facsimile veröffentlicht hat.

Nur mit einzelnen Cursivformen gemengt, übrigens Capitalschrift, sind die Wandschriften der Soldaten in Pompeii, aus welchen zuerst Murr die Existenz alter griechischer Cursivschrift beweisen wollte, in seiner Schrift: Specimina antiquissima Scripturae Graecae tenuioris seu cursivae, Norimb. 1792. Mantissa 1793, 4°.

Unecht dagegen und ganz neuen Ursprungs ist ein in Herculaneum an eine Wand geschriebener euripideischer Vers in ganz moderner Schrift, Pitture antiche di Ercolano, Nap. 1760. II, 34. Villoison, Anecd. II, 132; cf. Murr l. c. p. 3. n. Dasselbe gilt von den angeblichen griechischen Wachstafeln in Pesth, welche Massmann in seinem Libellus Aurarius neben den echten lateinischen veröffentlicht hat. Dagegen hat sich in Siebenbürgen ein Blatt einer Wachstafel mit dem Schluss einer Urkunde aus der Mitte des zweiten Jahrhunderts erhalten, welcher von Dr. Detlefsen in den Sitzungsberichten der Wiener Akademie 27, 89—108 mit grossem Scharfsinn entziffert und erläutert ist. Die Schrift ist eine entartete und zur Cursive hinneigende Uncialschrift, sehr ähnlich der von Egger mitgetheilten Scherbenschrift.

Dieser Schrift schliessen sich die Unterschriften bei Marini an, I Papiri diplomat. n. 92. 121. 90, von denen die erste aus Neapel ist, die anderen beiden aus Ravenna, alle ans dem 6. oder 7. Jahrhundert, und der Sprache nach lateinisch, aber mit griechischen Buchstaben geschrieben. Diese sind auch hier ziemlich isolirt; eigenthümlich ist der Gebrauch des lat. n und a in der karolingischen Form; ferner fand ich hier zuerst u für B (sonst nur in der ägypt. Urk. c. a. 600 bei Silv. II, 13), welches später so häufig ist, und wohl durch die Einwirkung der lat. Schrift zu erklären, in welcher um diese Zeit b und u gleichbedeutend sind und fortwährend verwechselt werden.

Dass die späteren Unterschriften ähnlicher Art in Neapel mit Majuskelschrift geschrieben sind, wurde schon oben erwähnt.

Nur eine einzige Probe ist uns geblieben von der ganz eigenthümlichen Schrift der kaiserlichen Kanzlei, nämlich der Brief des Kaisers Constantin V. an Pippin, Facs. bei Montfaucon p. 266 und im Supplement zu Mabillon's Diplomatik. Die Schrift hat ein vornehmes Ansehen durch die weitläuftigen und langgezogenen Striche; die Worte sind nicht getrennt, keinerlei Zeichen erleichtern die Lesung.

Einige Aehnlichkeit damit hat die Unterschrift des Königs Roger vom J. 1139 bei Montf. p. 408, während die Urkunde selbst aus arg verschnörkelter Majuskel und Minuskel gemischt ist; bei Silvestre III ist eine griechische Unterschrift von ihm unter einer lat. Urkunde für La Cava. Wie im Lateinischen verschwand die alte Cursive; die neuere ist nur eine Modification der Minuskel.

Die Griechen hatten auch eine völlig ausgebildete Stenographie, s. darüber Kopp, Tachygr. I, 435 ff Eine Vaticanische Handschrift enthält die Werke des Dionysius Areopagita und Stücke aus dem Buch Henoch in dieser Schrift; nur die Ueberschriften und das Inhaltsverzeichniss sind in Uncial mit Abkürzungen geschrieben, s. A. Mai, Collectio VI, p. XXXVII und Nova Patrum Bibliotheca II. Eine entstellte Uncialschrift, mit solchen Zeichen stark vermischt, wird in alten Minuskelhandschriften zu Scholien verwandt, so zur Rhetorik des Hermogenes im Cod Reg. 3514 (jetzt 3032) aus dem 10. Jahrhundert, Montfauc. 351—355, dessen Tafeln und Erklärungen jedoch von Bast, Comment p. 935 scharf getadelt werden. In ähnlicher Uncialschrift mit starken Abkürzungen, doch ohne stenographische Stellen, sind die von

Bast vielfach behandelten Scholien zum Reg. 1807 des Plato, und die Scholia Vat. Eusebii bei Mai, Coll. I, Tab. n. 1. 2. geschrieben.

Aus der stenographischen Schrift der Notare sind viele Zeichen auch in die Minuskel übergegangen; ohne Zweifel stammen daher die sehr zahlreichen, durch die gewöhnlichen Regeln nicht erklärbaren, conventionellen Abkürzungen, vgl. Montf. p. 345 und die bei Astle p. 76. Tab. VI, 4 gesammelten Abkürzungen aus Psaltern, die zum Theil fast hieroglyphischer Art sind.

Zu erwähnen sind endlich noch die Chiffren, welche besonders in den Unterschriften der Abschreiber vorkommen, theils nur umgestellte Buchstaben, theils besondere Zeichen, s. Montf. p. 285. 336 und die Monokondilien, verschnörkelte Namenszüge, ib. p. 350.

III.

Minuskel.

Das Aufhören der alten Uncialschrift und Cursive, und die Bildung der neuen Minuskel im Abendland wie im Morgenland, sind Symptome des grossen Abschnittes, welchen das neunte Jahrhundert bildet. Das kümmerlich noch fortlebende antike Element verliert völlig die Herrschaft, und während bis dahin fast nur Verfall und Entartung bemerklich war, bildet sich eine neue Entwickelung aus älteren Elementen und neuen Keimen.

Von Bulgaren und Arabern bedrängt, war das griechische Reich schon dem Untergange nahe; die Isaurier retteten es, aber ihr Kampf gegen die Bilderverehrung machte sie zu Verfolgern der Geistlichkeit und vorzüglich der Mönche, die von der Verfertigung der Bilder lebten. Diese waren aber zugleich auch die Hauptschreiber, und trieben mehr noch wie im Abendland, die Kalligraphie als Gewerb. Von vorn herein ungebildet und für den Werth litterarischer Beschäftigung wenig empfänglich, wurden die Isaurier nun mit demjenigen Stande tödtlich verfeindet, welcher nicht in demselben Maasse wie im Abendland, aber bis zu einem gewissen Grade doch auch hier der Träger der Litteratur war. . Leo und Constantin, den seine Gegner Kopronymos nannten, werden von den späteren Chronisten mit Beschimpfungen und Verleumdungen überhäuft, welche nur aus dem Fanatismus der siegreichen Orthodoxen entsprungen sind; es ist nicht wahr, dass sie die ganze theologische Facultät in die Bibliothek des Oktogon eingesperrt und mit derselben verbrannt haben: aber ohne allen Zweifel ist doch die Zeit der Ikonoklasten der Litteratur nicht günstig gewesen, und paläographisch wird sie bezeichnet durch das Aufhören der Uncialschrift, mit Ausnahme liturgischer Bücher. Ob auch hier, wie im Abendland, eine Zwischenstufe verwilderter Schrift eintrat, ist nicht bekannt; im neunten Jahrhundert tritt uns als eine neue fertige Kunstform die Minuskel entgegen, gebildet aus einer Mischung von Capitalformen und Cursivformen. Das erste bekannte Beispiel ist eine Handschrift von 835, welche nach Tischendorf der Archimandrit (jetzt Bischof) Porfiri Uspenski zu Petersburg besitzt.

Eigenthümlich der lateinischen Minuskel gegenüber ist in der griechischen das Fortbestehen doppelter Buchstabenformen neben einander; die cursiven wurden aufgenommen, verdrängten aber nicht die ursprünglichen der Uncialschrift, so dass ein buntes Gemisch verschiedener Gestalten desselben Buchstabens entstand. Eine andere Eigenthümlichkeit besteht in der häufigen Nachahmung älterer Schriftcharaktere, was in lateinischer Schrift erst im 15. Jahrhundert aufkam. Dadurch wird eine sichere Altersbestimmung sehr erschwert, doch würden sich wohl durch fortgesetzte Beobachtung auch hier festere Regeln gewinnen lassen; die Philologen aber legen darauf wenig Werth, und die Sammlung der byzantinischen Geschichtschreiber, welche für diese Studien sehr nützlich hätte werden können, ist ohne alle Schriftproben erschienen.

Bast unterscheidet 4 Classen:

1. vetustissimi saec. IX, mit vielen Capitalformen, steifer Haltung, wenig Worttrennung, wenig Accenten und anderen Zeichen.

Das ι subscriptum fehlt entweder ganz oder steht in gleicher Grösse neben dem Hauptvocal.

2. vetusti saec. X—XII.

3. recentiores saec. XIII—XIV.

4. novelli saec. XV. Diese sind erfüllt von Abkürzungen, die Buchstaben verschnörkelt, von ungleicher Höhe und Grösse; man erkennt sie leicht auf den ersten Blick, und zwischen diesen beiden Extremen liegen die Mittelstufen, je nachdem sie sich dem einen oder dem andern mehr zuneigen.

Spiritus und Accente sind anfangs nicht vollständig durchgeführt; jene eckig und dadurch passend unterschieden von Koronis und Apostroph. Später runden sie sich nicht nur, sondern verbinden sich auch mit den Accenten zu einem Schnörkel, während andere Accente sich den Buchstaben unmittelbar wie eine Fortsetzung der Striche anhängen; s. z. B. Schriftprobe VIII^b. XI. XII.

Die Verbindung und Trennung der Worte bleibt bis ins 15. Jahrh. viel unvollkommener wie in lat. Schrift, und namentlich hat *σ* eine grosse Neigung, sich mit dem folgenden Buchstaben intim zu verbinden. In solchen Fällen begegnen wir der Hypodiastole, d. i. den Punkten, welche schon im Bankes'schen Homer von zweiter Hand zur Bezeichnung der Worttrennung angebracht sind, oder auch kleinen Strichen. In der Regel genügen aber Accente und Spiritus als Wegweiser.[1]) Dabei ist jedoch zu bemerken, dass Präpositionen sehr häufig mit dem von ihnen abhängigen Wort so verbunden werden, dass sie den Accent verlieren, z. B. *διατὸν*, ein Gebrauch, welcher sich auch bei der Partikel *μὴ* findet, und dem Zusammenschreiben solcher Worte in lateinischen Handschriften genau entspricht. Tritt dadurch ein zweifelhafter Fall ein, wie bei *περικλέους*, *διαλόγων*, so deutet das Zeichen Hyphen die Zusammengehörigkeit an; dasselbe tritt ein, wo ein zufällig gebliebener Zwischenraum irre leiten, oder ein Compositum Zweifel erregen könnte.

Beim Brechen der Worte wird ohne Rücksicht auf Etymologie der Consonant zur folgenden Silbe genommen, z. B. *προ-σάγειν* und sogar *οὐ-κάδικεῖ*. Bindestriche sind mir vor dem 15. Jahrhundert nicht vorgekommen.

---

[1]) Als Beispiel ist Bekk. Anecd. II, 675 angeführt *εστιν,αξιος* zu unterscheiden von *εστιΝαξιος*. Aber eben hier genügt dazu auch der Spiritus lenis.

In den **Abkürzungen** tritt ein ganz neues System ein: der in Uncialschrift übliche Querstrich bleibt nur noch für die aus derselben übernommenen herkömmlichen Abkürzungen in kirchlichen Schriften, z. B. $\overline{\vartheta o}$ = *ϑεός*. Sonst bezeichnet ein solcher Querstrich entweder Eigennamen (Schriftpr. 11. 12) oder Zahlen (Schriftpr. 3) oder Buchstaben als solche (Schriftpr. 10); ein kurzer am Ende der Zeile über einem Vocal auch noch häufig ein ausgelassenes *ν*. Die gewöhnliche Art der Abkürzung aber besteht jetzt darin, die Endung fortzulassen, und den vorhergehenden Buchstaben über seinen Vorgänger zu setzen; man konnte in den besseren Zeiten noch durchgängig auf hinreichend gebildete Leser rechnen, welche im Stande waren, die Endung aus dem Zusammenhang richtig zu ergänzen. Doch halfen auch die vielfachen Zeichen nach, welche unten einzeln besprochen werden. Die Verdoppelung des übergeschriebenen Buchstaben zeigt den Plural an, ausgenommen Worte wie *συλλαβή*, wo *λλ* über *υ* gesetzt wird, und in etwas anderer Weise *Τυδείδης*, *Θουκυδίδης* etc., wo auch *δδ* über dem *υ* vorkommt. Ein schräger Strich am Ende zeigt, dass überhaupt etwas abgekürzt ist: aber oft ist dieser Strich auch weggelassen, und da nicht selten ein Buchstabe auch ohne Abkürzung über denjenigen gesetzt wird, hinter welchem er zu lesen ist, können leicht Zweifel und Irrthümer entstehen.

Für die **Interpunctionen** bleibt wohl noch das System der dreifachen Punkte, dessen Einführung Aristophanes von Byzanz zugeschrieben wird, doch bedurfte es einer Aenderung, weil wegen der geringen Höhe der Buchstaben der mittlere Punkt nicht gut zu unterscheiden war. Als kleinster Einschnitt dient, wie früher, der untere Punkt, der auch zuweilen einem Komma ähnlich wird. Die nächste Interpunction aber ist der Punkt oben (Kolon), und den Schluss eines Abschnittes bezeichnet ein Zwischenraum nach einem starken Punkt, oder auch Doppelpunkte. Nicht selten ist in älteren Handschriften noch der Querstrich unter der Zeile, in welcher ein Satz beginnt, oder ein grösserer Buchstabe am Anfang der folgenden Zeile (Schriftpr. 1. 4. 6. 7). Anführungszeichen kommen schon früh vor.

Für die **Kritik** macht **Bast** auf folgende Regeln aufmerksam:

Fehlt auf einem ausgeschriebenen Wort gegen die sonstige Gewohnheit des Schreibers Spiritus oder Accent, so war er zweifelhaft oder hielt das Wort für verderbt, ausgenommen bei ϊ und ϋ am Anfang, wo beides nicht selten fehlt. Bei Abkürzungen fehlt der Accent häufig.

Ein Punkt über einem Worte bezeichnet einen Zweifel, oder auch dass der Buchstabe oder das Wort zu streichen ist. Letzteres, *περιγράφειν* oder *διαγράφειν*, wird bezeichnet durch Punkte über oder unter dem Wort, oder rund herum, auch durch Unterstreichen oder durch Einschliessen zwischen Punkten oder Häkchen.

Ein schräger Strich am Rande bezeichnet in manchen Handschriften eine verdorbene Stelle; ohne Bedeutung dagegen sind Striche auf radirten Stellen, welche nur anzeigen, dass nichts fehlt.

Die richtige Lesart wird über die falsche gesetzt (Schriftpr. 6); ist aber diese nicht zugleich getilgt, so kann es auch nur eine Glosse sein.

Umstellungen werden durch übergesetzte Zahlen bezeichnet.

Nach diesen allgemeinen Bemerkungen wollen wir nun die einzelnen Jahrhunderte durchgehen; in jedem werde ich die mir bekannten datirten Schriftproben zusammenstellen.

Neuntes Jahrhundert.

Von der oben erwähnten Handschrift von 835 ist keine Schriftprobe bekannt.

880. Sabas Tab. V, 1. Da die hier benutzten Handschriften der Synodalbibliothek zu Moskau alle kirchlichen Inhalts sind, füge ich keine speciellere Angabe bei.

890. Montf. p. 271 n. 3 (Colb. 340).

896. Der Oxforder Plato, von dem ich keine Schriftprobe kenne.

899. Sabas Tab V, 2.

Von undatirten Handschriften dieser Zeit giebt Montfaucon auf derselben Seite noch 3 Proben, wovon die erste (ein Florentiner Codex des Plutarch) der Uncialschrift noch sehr nahe steht, 2 andere p. 274. Tischendorf Anecd.

Tab. I, 6 giebt 2 Zeilen eines durch ihn ins Brit. Mus. gekommenen Codex des Alten Testaments, den er ebenfalls in dieses Jahrhundert setzt.

Zehntes Jahrhundert.

905. Bei Zanetti p. I.

911 oder 912. Der Baseler Codex der Evangelien B VI. 27 (Cod. 1), mit Bildern, unter welchen auch die gekrönten Figuren der Kaiser Leo VI. († 11. Mai 912) und Constantin VII. (9. Juni 911 gekrönt) vorkommen. S. Hug, Einl. 1, 265. Eine Schriftprobe ist mir nicht bekannt.

914. Montf. p. 274 n. 3. Clem. Alex. Cod. Reg. 2271.

917. Sabas Tab. VI, 1.

932. Sabas Tab. VI, 2.

964. Montf. p. 282, 5 und besser bei Silvestre. Ein Evangeliar, Reg. 3424, jetzt 70.

968. Zanetti p. III. S. Basilii Homiliae, χειρὶ Ἀθανασίου μοναχοῦ.

975. Sabas Tab. VII, 1.

986. Montf. p. 283, 7. in Grottaferrata geschrieben, mit sehr vielen und eigenthümlichen Abkürzungen.

990. Sabas Tab. VII, 2. Hier fehlt das sonst beigeschriebene ι subscriptum völlig.

Von undatirten Handschriften setzt man ins zehnte Jahrhundert Reg. 1878, eine reich ausgestattete Catena zu den Psalmen und zum Hohen Lied, mit vielen Gemälden in antikem Stil, welche Montf. p. 11 beschrieben und eins abgebildet hat; vgl. Waagen, Kunstwerke in Paris p. 217. Ferner den Dionys von Halikarnass der Chigi'schen Bibliothek, aus welchem Montfaucon zu p. 24 den schreibenden Dionys giebt. Von einem für Basilius II (976—1025) geschriebenen Psalter mit Catena giebt Zanetti p. 19 das Dedicationsbild.

Drei verschiedene Proben giebt Montf. p. 279, die dritte vom Reg. 2436, der auf Baumwollenpapier geschrieben ist. Pag. 283, 8. Reg. 1886 mit sehr vielen Abkürzungen.

Besonders berühmt ist aus dieser Zeit der Cod. S. Marci der Ilias, mit

Bezeichnung langer und kurzer Silben, Spiritus auch mitten im Wort, Hyphen, Hypodiastole und anderen Zeichen, ferner mit kritischen Zeichen und Scholien, herausgegeben von Villoison: *ὉΜΗΡΟΥ ἸΛΙΑΣ ΣΥΝ ΤΟΙΣ ΣΧΟΛΙΟΙΣ*, Ven. 1788, fol., doch ohne Schriftprobe. Die Ausgabe soll ganz schlecht sein, und hat an vielen Stellen Bast zu seinen kritischen Bemerkungen Stoff gegeben.

In dasselbe Jahrhundert werden von den Wilkenschen Schriftproben gesetzt Tab. 11. Reg. 2934 des Demosthenes, Tab. 9. Reg. 1807 des Plato, wo das ι subscr. über seinem Vocal steht, Tab. 4. Reg. 1853 des Aristoteles, ganz ohne ι subscriptum, Tab. 3. Pal. 398 (woraus auch unsere erste Tafel genommen ist), Tab. 5. Coislin. 345, das sehr klein mit vielen Abkürzungen geschriebene Lexicon Rhetoricum, Tab. 7ᵃ. Reg. 1983, Hermogenes *περὶ ἰδεῶν*.

Elftes Jahrhundert.

1006. Sabas Tab. VIII, 1.

1007. Colb. 695. Bibl. Imp. 519. Homiliae Gregorii Nazianzeni, bei Silvestre.

1009. Acta Apostolorum bei Curzon p. 39.

1022. Montf. p. 293, 1. Colb. 4954, von einem griechischen Mönch Elias geschrieben *ἐν χώρᾳ Φραγκίας καστρο δὲ Κολονίας.*

1040. Pal. 281, s. unten Tafel 2 und 3.

1044. Tischend. Anecd Tab. III, 8. Subscription des durch ihn ins Brit. Mus. gekommenen Cod. des N. Testaments.

1045. Montf. 293, 2. Reg. 2246.

1055. Sabas Tab. X. Ein Evangelistar mit rothen Lesenoten.

1057. Zanetti p. V.

c. a. 1060. Montf. p. 297. Cod. Colb. s. n. geschrieben für Eudokia, die Gemahlin des Constantinus Ducas und Romanus Diogenes.

1063. Zanetti p. VI, in Antiochia geschrieben.

1063. Sabas Tab. IX. mit Bildern und Initialen in Gold und Farben.

1086. Sabas Tab. VIII, 2.

Die Miniaturen des 1080 für Nicephorus Botoniates geschriebenen Coisl. 79 beschreibt Waagen, Kunstwerke in Paris p. 227.

Ein undatirter schöner Cod. Harl. Mus. Brit. mit Miniaturen bei Westwood, Palaeographia Sacra Pictoria, Early Greek Manuscripts 5.

Bei Wilken Tab. 1, 2. Reg. 2935 des Demosthenes, Tab. 8. Pal. 23 der Anthologie, Tab. 10. Pal. 252 des Thucydides; von den beiden letzteren folgen unten Schriftproben.

Zwölftes Jahrhundert.

In diesem Jahrhundert beginnt nach Montfaucon (p. 299) die Schrift, von der früheren Gleichmässigkeit zu einer grösseren Mannigfaltigkeit überzugehen, indem einige Schreiber an dem Charakter der älteren Handschriften festhalten, andere aber in verschiedener Weise davon abgehen, und allmählich jener modernen Schriftart sich nähern, die sich namentlich durch den gerundeten und oft mit den Accenten zu einem Strich verbundenen Spiritus kenntlich macht.

Aus dem Anfang des Jahrhunderts haben wir das Typikon der Kaiserin Irene Ducaena, Gemahlin des Alexius Comnenus († 1118), mit ihrer Unterschrift in der reservirten kaiserlichen Zinnoberdinte. Reg. 3019. Montfauc. p. 301, 1.

1109. Erneuerung der Stiftungsurkunde König Stephans für die Nonnen in Vesprim durch König Kalman: Diploma Graecum S. Stephani regis ed. G. A. Szerdahelyi, Budae 1804. 8. Original im Hofkammer-Archiv in Ofen. Gewöhnliche Bücherschrift, aber mit manchen seltsamen Eigenthümlichkeiten.

1112. Zanetti p. VIII.

1116. Sabas Suppl. I.

1119—1143. Montf. p. 301, 2. Nomocanon auf Befehl des Kaisers Johannes Comnenus geschrieben, mit vielen Abkürzungen.

1124. Montf. p. 308, 1. Reg. 2930, von einem Notar geschrieben.

1126. Sabas Tab. XI, 1.

1127. Montf. p. 308, 2. Reg. 2498.

1139. Montf. p. 408. Die schon oben p. 26 erwähnte Urkunde König Rogers von Sicilien.

1166. Die autographen Unterschriften einer Synode von Konstantinopel, und die Bilder des Kaisers Manuel und seiner Gemahlin Maria mit Beischrift, bei A. Mai Coll. IV.

1168. Montf. p. 308, 3. Reg. 2862, ein Evangeliar, welches der Notar Solomon in Sicilien geschrieben hat.

1175. Zanetti p. X, Gesetzbuch der Kaiser Leo und Constantin vom J. 739, geschrieben vom Notar Johannes.

1184. Passio S. Bonifacii, Burney Manuscripts 44. Pl. 2.

1199. Sabas Tab. XI, 2.

Aus diesem Jahrhundert mag auch wohl die Uffenbach-Leipziger Handschrift von dem Werk des Kaisers Constantinus Porphyrogenitus de caerimoniis aulae Byzantinae sein, aus welcher Reiske in seiner Ausgabe p. 225 eine ganze Seite in Kupferstich giebt.

Von den Wilken'schen Tafeln gehört hierher n. 7[b] aus dem als schwer zu lesen bis auf I. Bekker verrufenen Reg. 2548, und n. 2 aus dem Pal. 168, von dessen zweitem Theil n. 169 unten Tafel 6 eine Probe folgt, so wie Tafel 7 aus Pal. 153.

Dreizehntes Jahrhundert.

Aus dem Anfang desselben ist wahrscheinlich die Probe bei Mone, Lateinische und Griechische Messen, n. 13, aus der Uebersetzung der Messe des h. Basilius durch Nicolaus von Otranto. Hier fehlt das ι subscriptum gänzlich.

1236. Montf. p. 320, 3. Colb. 4111.

bald nach 1260, Coislin. 200, von Michael Palaeologus an Louis IX. geschenkt, bei Silvestre.

1272. Montf. p. 320. 4. Colb. 845.

1272. Evangeliar der Curzon library.

1275. Sabas Tab. XII, 1.

1279. Urkundenbuch des Bisthums Lübeck, I, Tafel II. Die Mönche von Grottaferrata nehmen Bischof Burchard von Lübeck in ihre Brüderschaft auf. Gewöhnliche Bücherschrift.

1285. Sabas Tab XII, 2.

1286. Montf. p 324, 1. Reg. 2458 auf Baumwollenpapier.

1286. Die Unterschrift des Andronicus bei Pasini, Codd. bibl. Taurin. 1, 360. mit ι subscriptum in moderner Weise.

1289. Sabas Tab. XIII, 1.

1292. Burney Manuscripts 21. Pl. 2. Evangelium Matthaei, *διὰ χειρὸς κἀμοῦ τοῦ ταπεινοῦ Θεοδώρου τοῦ Ἁγιοπετρίτου τάχα καὶ καλλιγράφου, ἔτους ςώ.*

1295 Zanetti p. XII.

1297. Sabas Tab. XIII, 2.

Ein Manuscript von 1262 in Paris (MSS. Grecs 550. Theologia Gregorii Nazianzeni) mit Bildern führt Waagen, Kunstwerke in Paris p. 230 als die älteste Handschrift mit Randverzierungen an.

Merkwürdig ist der Cod. bombyc. Reg. 1892 bei Montf. p. 230, 1, weil der Text, die Propheten, kalligraphisch geschrieben ist, der Commentar aber tachygraphisch mit vielen Abkürzungen, was nach Montfaucon häufig vorkommt.

Die folgende Probe ist dem Cod. Reg. 3370[2] entnommen, welcher Friedrichs II. Constitutiones Siculae auf rescribirtem Pergament über einem grammatischen Werke enthält. Solche Palimpseste sind nach Montfaucon unter den griechischen Handschriften des 12.–14. Jahrhunderts sehr häufig.

Dem 13. Jahrhundert gehört auch das Alphabet Roger Bacons an, mitgetheilt in seinen Opera inedita ed. Brewer (1859), jedoch nach einer Handschrift des 15. Jahrhunderts.

Vierzehntes Jahrhundert.

1301. Tischendorf, Mon Sacra Ined. Coll. nova V. Enthalius diac. de actis Apostolorum et Pauli epistulis, über einer rescribirten biblischen Uncial-Handschrift saec. VIII vel IX im Besitz des Bischofs Porfiri Upenski.

1306. Sab. Tab. XIV, 1.

1315. Montf. p. 324, 2. Colb. 2493 bezeichnet als Nachahmung des 11. Jahrhunderts.

1319. Burney Manuscripts 22. Pl. 1.

1320. Zanetti p. XIV. Hesiodi Theogonia mit Scholien, geschrieben von Demetrius Triclinius.

1336. Montf. p. 324, 3. Reg. 1884, bezeichnet als Nachahmung des 11. Jahrhunderts.

1342. Sabas Tab. XIV, 2.

1345. Sabas Tab. XV, 1.

c. 1350. Revue Archéologique, Nouv. Série 9 (1854) Pl VI. Die Unterschriften der serbischen Fürsten Stephan Duschan, Symeon Urosch, Maria Angelina, mit dem kaiserlichen Zinnober.

1366. Burney Manuscripts 18. Pl. 2. Prachthandschrift des Ev. Johannis: *Θεοῦ τὸ δῶρον καὶ πόνος Ἰωασάφ. Ἔτει ϛωοδ΄. ἰνδ. δ΄. μηνὶ Ἰουνίου δ΄.*

1372. Bei Silvestre, Colb. 832, Bibl. Imp. 1634, des Herodot.

1374. Zanetti p. XVI.

1387. Sabas Tab. XV, 2.

Fünfzehntes Jahrhundert.

1430. Burney Manuscripts 49. Pl. 1. Chrysostomus zum ersten Korintherbrief. Leicht geschriebene, verzogene Buchstaben.

1444. Bei Silvestre, Aristotelis cod. Laurentianus, in Mailand geschrieben.

1445. Sabas Tab. XVI, 1.

1451. Sitzungsberichte der Wiener Akademie VI, 531, vgl. p 519 und die Schriftprobe, welche den Schluss einer Urkunde des letzten griechischen Kaisers Constantin XI giebt, mit den von ihm selbst roth eingeschriebenen Worten und seiner Unterschrift. Die Schrift entfernt sich wenig von der Bücherschrift der Zeit.

1457. Zanetti p XVII. Plutarchi Parallela, *διὰ χειρὸς ἐμοῦ Ἰωάννου Ῥόσου ἱερέως τοῦ Κρητός, ἐν Ῥώμῃ.* Von diesem fleissigen Schreiber sind in derselben Bibliothek noch: 200. Aristotelis Opera, 1447 in Rom für Bessarion geschrieben, 248. Plutarchi Varia von 1455, 280, 285, 286. Galeni Opera, 1469 u. 1470 in Rom für Bessarion geschrieben.

1470. Zanetti p. XIX. Xenophontis Cyropaedia, auf Kosten des Kardinals Bessarion geschrieben *ὑπὸ χειρὸς ἐλαχίστου δούλου αὐτοῦ, Γεωργίου ἱερέως τοῦ Τζαγγαροπούλου, Κρητικὸς τὸ γένος.*

1487. Sabas Tab. XVI, 2. Phalaridis et Bruti epistolae *Μετεγράφησαν καὶ αἱ παροῦσαι ἐπιστολαὶ τοῦ Βρούτου διὰ χειρὸς κἀμοῦ Ἰωάννου πρεσβυτέρου Ῥώσου τοῦ Κρητός. Ἔτει ἀπὸ τῆς Χριστοῦ γεννήσεως χιλιοστῷ τετρακοσιοστῷ ὀγδοηκοστῷ ἑβδόμῳ μηνὸς ὀκτωβρίου δευτέρα, ἐν Ἐνετίαις.*

Eine schöne Minuskel mit Miniaturen hat die Harley'sche Evangelienhandschrift bei Westwood, Pal. Sacra Pictoria, Greek Gospels. Verschiedene Hände dieses Jahrhunderts geben unsere Tafeln 8—11.

Sechzehntes Jahrhundert.

1505. Die unten folgende Schriftprobe aus Pal. 47.

1529. Sabas Tab. XVII, 1.

1542. ib. XVII, 2.

1554. Silvestre, Oppian der Pariser Bibliothek 2737, in Paris geschrieben von dem Kreter Angelus Vernicius.

1569. Sabas Tab. XVII. 3.

1593. Sabas Tab. XVIII. Konstantinopolitanisches Synodalschreiben, wodurch die Errichtung des russischen Patriarchats gestattet wird, mit Unterschrift.

Zur Uebung zu empfehlen wegen des bedeutenden Umfangs ist das vollständige Facsimile der beiden Pariser Handschriften von Coluthi Raptus Helenae, aus dem 15 und 16. Jahrhundert, in der Ausgabe von Stanislas Julien, Paris 1823.

Erklärung der Schriftproben.

I.

Antonini Liberalis Transformationum Congeries (ed. Koch. Lips. 1832) c. 2.

Cod Pal. 398. mbr. fol. min. s. Friedr. Wilken, Geschichte der Bildung, Beraubung und Vernichtung der alten Heidelbergischen Büchersammlungen. Nebst einem meist beschreibenden Verzeichniss der im J. 1816 von dem Pabst Pius VII der Universität Heidelberg zurückgegebenen Handschriften. Heid. 1817. p. 290. Lettre critique de F. J. Bast à Mr. J. F. Boissonade sur Antoninus Liberalis, Parthenius et Aristénète, à Paris 1805, und lat. von C. A. Wiedemann, mit Zusätzen, Lips. 1809. Bast hat auch in seiner Commentatio palaeographica die Handschrift viel benutzt, und Proben daraus mitgetheilt. Er erklärt sie für eine der kostbarsten, die er je gesehen habe, und setzt die Schrift in den Anfang des zehnten Jahrhunderts. Alle Ueberschriften, Randbemerkungen und Inhaltsverzeichnisse sind, wie in der vorliegenden Probe, in kleiner Majuskelschrift geschrieben. Das Pergament ist stark und glatt, an der Haarseite gelblich. Der Text ist an den Seiten von Doppellinien eingefasst, unten sind solche in einiger Entfernung, oben (jetzt wenigstens) nur eine einzelne. Die Linien sind mit dem Griffel eingedrückt, so dass sie für beide Seiten zugleich dienen; die Linien für die Schrift gehen über die ganze Breite des Blattes: nach durchgängiger Sitte in griechischer Minuskel stehen die Buchstaben darunter, nicht darauf.

Der Text lautet:

[Οἱ δὲ θύουσιν ἄχρι νῦν Ἰουλιῆται μὲν] Ἀφροδίτῃ, Κτήσυλλαν ὀνομάζοντες· οἱ δὲ ἄλλοι, Κτήσυλλαν Ἑκαέργην:

Β̄. ΜΕΛΕΑΓΡΙΔΕϹ.

Οἰνεὺς, ὁ Πορθέως τοῦ Ἄρεως, ἐβασίλευσεν ἐν Καλυδῶνι· καὶ ἐγένοντο αὐτῷ ἐξ Ἀλθαίας τῆς Θεστίου, Μελέαγρος· Φηρεύς· Ἀγέλεως· Τοξεύς· Κλύμενος· Περίφας· θυγατέρες δὲ, Γόργη· Εὐρυμήδη· Δηιάνειρα· Μελανίππη· Ἐπεὶ δ' ἔθυεν ἀπαρχὰς ὑπὲρ τῆς χώρας, ἐκλανθάνεται τῆς Ἀρτέμιδος· αὕτη κατὰ μῆνιν, ἐφορμᾷ σῦν ἄγριον,·ὃς κατέφθειρε τὴν γῆν καὶ πολλοὺς ἀπέκτεινεν· Ἔπειτα Μελέαγρος καὶ οἱ Θεστίου παῖδες, συνήγειραν τοὺς ἀριστέας ἐκ τῆς Ἑλλάδος ἐπὶ τὸν σῦν· οἱ δὲ ἀφικόμενοι, κτείνουσιν αὐτόν· ὁ δὲ Μελέαγρος διανείμας τὰ κρέα αὐτοῦ τοῖς ἀριστεῦσιν, τὴν κεφαλὴν καὶ τὸ δέρος, ἐξαίρει (l. *ἐξαιρεῖ*) *γέρας ἑαυτῷ· Ἄρτεμις δὲ ἐπεὶ τὸν ἱερὸν σῦν ἔκτειναν, ἔτι μᾶλλον ἐχολώθη, καὶ νεῖκος ἐνέβαλεν αὐτοῖς· οἱ γὰρ παῖδες οἱ Θεστίου καὶ οἱ ἄλλοι Κουρῆτες, ἅπτονται τοῦ δέρους· φάμενοι μετεῖναι τὰ ἡμίσεια τῶν γερῶν ἑαυτοῖς· Μελέαγρος, ἀφαιρεῖται κατὰ βίαν· καὶ κτείνει τοὺς Θεστίου παῖδας· Ἐκ ταύτης τῆς προφάσεως, πόλεμος ἐγένετο Κουρῆσι καὶ Καλυδωνίοις· καὶ ὁ Μελέαγρος εἰς τὸν πόλεμον οὐκ ἐξῄει, μεμφόμενος ὅτι αὐτῷ κατηράσατο ἡ μήτηρ, διὰ τὸν τῶν ἀδελφῶν θάνατον· Ἤδη δὲ τῶν Κουρητῶν* (sic! gleichzeitig corrigirt für *Κουρήτων*) *μελλόντων αἱρεῖν τὴν πόλιν, ἔπεισε τὸν Μελέαγρον ἡ γυνὴ Κλεοπάτρα, τοῖς Καλυδωνίοις ἀμῦναι·*

Bemerkenswerth ist die sorgfältige Schrift, Accentuation und Interpunction. Das *ι* subscr. ist neben seinem Vocal gesetzt, bei *ἐφορμᾷ* aber darüber. Die leichteste Interpunction ist ein Punkt oder Komma, demnächst das Kolon, und wenn der Einschnitt erheblich ist, tritt ein Querstrich am Anfang der Zeile hinzu. Der Strich vor *ἔκτειναν* steht jedoch auf einem radirten Fleck, da hier etwas verbessert ist, und bedeutet keine Interpunction. Am Ende eines Abschnittes steht ein Doppelpunkt mit folgendem Zwischenraum, und die nächste Zeile beginnt mit einem ausgerückten etwas grösseren Buchstaben.

II.

Michaelis Pselli Astronomiae synopsis (ed. Xylander Basil. 1556. p. 91).

Cod. Pal. 281, s. Wilken l. c. p. 282, wo jedoch die Angabe über den früheren Besitzer der Handschrift einen Irrthum enthält. Es steht nämlich unten auf der vorletzten Seite: *ἡ βίβλοσ αὕτη τ......... ου ἐστίν.* Die mittleren Worte sind ausradirt, und mit viel jüngerer Schrift hineingesetzt: Leonardi Justiniani. Die im J. 1040 geschriebene Handschrift ist ausserordentlich schön; in der äussern Einrichtung der vorher beschriebenen ähnlich, nur gehen die Linien für die Schrift nicht über die Einfassung hinaus, und am Rande sieht man die kleinen Einschnitte, welche die Entfernung der Linien regelten. Die Bezeichnung von Abschnitten durch die Querstriche am Rande findet sich hier nicht; die ausgerückten Buchstaben sind schon wirkliche Initialen, und mit blassrother Dinte geschrieben, übrigens aber nach demselben System angebracht; den Absatz selbst bezeichnet ein einfaches Kolon mit folgendem Zwischenraum. Das ι subscr. fehlt nicht selten völlig. Der Wortlaut des facsimilirten Stücks lautet:

['Εν τῷ πρὸς νότον τοίνυν μᾶλλον παραλλάττουσα μέρει, μᾶλλον] δοκεῖ διΐστασθαι· καὶ διατοῦτο πλείονος δεομένη πλησιασμοῦ πρὸς τὸν σύνδεσμον, ἧττονος δεῖται τῆς διαστάσεως· ἀλλὰ ταῦτα μὲν περὶ τῶν δύο φωστήρων· ἐπὶ δὲ τῶν πέντε πλανωμένων, τριχῶς ἡ τῶν πέντε κεφαλαίων λαμβάνεται ἔκθεσις· ἐπί τε τῆς καρδίας τοῦ λέοντος· ἐπί τε τοῦ ἐπικύκλου· καὶ ἐπὶ τοῦ κέντρου αὐτοῦ τοῦ ἀστέρος· καὶ συμψηφιζομένων ἐφ' ἑκάστου τούτων τῶν παρακειμένων τοῖς πέντε κεφαλαίοις μοιρῶν καὶ λεπτῶν· καὶ ἐκβαλλομένου κύκλου ἢ κύκλων, εἰσάγομεν τὸν καταχθέντα τοῦ κέντρου τοῦ ἐπικύκλου ἀριθμὸν, εἰς τὸ τῆς ἀνωμαλίας κανόνιον· καὶ λαμβάνοντες τὰ παρακείμενα αὐτῷ· ἢ τὰ ἐξ ἀναλόγου ἐπιβάλλοντα κατὰ τὸ τρίτον σελίδιον, εἰ μὲν ἐλάττων ᾖ ὁ εἰσενεχθεὶς ἀριθμὸς τῶν ρπ'· ἀπὸ μὲν τοῦ ἐπικύκλου ἀφαιροῦμεν τὸν ληφθέντα τῶν μοιρῶν ἀριθμὸν τοῦ τρίτου σελιδίου· τῷ δὲ κέντρῳ τοῦ ἀστέρος προστίθεμεν· εἰ δὲ μείζων, τὸ ἔμπαλιν· τῷ μὲν ἐπικύκλῳ προστίθεμεν, ἀπὸ δὲ [τοῦ κέντρου τοῦ ἀστέρος ἀφαιρούμεθα·]

Der Spiritus lenis ist auch im Original nicht immer deutlich, jedoch in der Nachbildung zuweilen dem asper zu ähnlich geworden.

III.

De Analogiis.

Aus derselben Handschrift. Die Deutung der Tonzeichen findet sich in einer Tabelle f. 173, wo ich jedoch das letzte Zeichen vergeblich suchte, auch steckt da ein Fehler, weil das sechste *εἶδος* fehlt.

[δηλοῦσι δὲ φθόγγοι τὰ ἓξ εἴδη τῶν συμφωνιῶν,] οὗτοι· τὴν μὲν διὰ τεσσάρων, προσλαμβανομένη καὶ διάπεμπτος· τὴν δὲ διὰ πέντε, προσλαμβανομένη καὶ ὑπάτη· τὴν δὲ διὰ πασῶν, προσλαμβανομένη (καὶ) μέση· τὴν δὲ διὰ πασῶν καὶ διὰ τεσσάρων, προσλαμβανομένη καὶ συνημμένη· τὴν δὲ διὰ πασῶν καὶ διὰ πέντε, προσλαμβανομένη καὶ ......· ἡ οὖν διὰ τεσσάρων, ἐκ τόνων συνέστηκε δύο ἡμίσεως· ἡ δὲ διὰ πέντε ἐκ τόνων τριῶν ἡμίσεως· ἡ δὲ διὰ πασῶν, ἐκ τόνων ἕξ· ἡ δὲ διὰ πασῶν καὶ διὰ τεσσάρων, ἐκ τόνων ὀκτὼ ἡμίσεως· ἡ δὲ διὰ πασῶν καὶ διὰ πέντε, ἐκ τόνων ἐννέα ἡμίσεως· ἡ δὲ δὶς διὰ πασῶν, ἐκ τόνων δώδεκα: —

Ἐγράφη ἡ βίβλος αὕτη διὰ χειρὸς Νικολάου καλλιγράφου· μηνὶ Ἰαννουαρίῳ ιδʹ· ἰνδικτιῶνος ὀγδόης· ἔτους ϛφμηʹ· ἐκ πολλῶν πονημάτων Ῥωμανοῦ ἀσηκρῆτις (a secretis) *καὶ κριτοῦ Σελευκείας, συλλεγεῖσα· τοῦ καὶ αὐθέντου μου· οἱ ἀναγινώσκοντες αὐτὴν, εὔχεσθε ὑπὲρ αὐτοῦ.*

Diese Unterschrift, welche eine Probe der jüngeren Uncialschrift gewährt, ist roth geschrieben.

IV.

Thucydidis II, 96. 97.

Cod. Pal. 252, nach Wilken p. 282 saec. XI. Er ist den vorher beschriebenen sehr ähnlich, ausserordentlich schön geschrieben, aber vollkommen einfach und schmucklos, ohne rothe Farbe. Die Interpunction besteht aus

Punkten unten, unserm Komma gleich, und oben für stärkere Einschnitte; doch sind beide wenig unterschieden und oft zweifelhaft. Die Bezeichnung der Absätze durch ausgerückte Buchstaben zeigt die Probe. Eine zweite Hand hat Spiritus zugesetzt, welche durch ihre runde Form kenntlich sind, über ρ am Anfang, über ϊ wo sie nach älterem Gebrauch selten gesetzt werden, bei Eigennamen wo sie häufig fehlen, und wo vielleicht der Schreiber zuweilen unsicher war; so steht über *οδρυσῶν*, *αβδήρων*, ursprünglich ein Punkt oder Strichel von zweifelhafter Bedeutung. Bei *εὔξεινον*, *ἕβρος*, fehlt der Spiritus noch jetzt. Accente fehlten nach älterem Gebrauch häufig, doch nicht immer, über den Präpositionen, was ich in der Umschrift hergestellt habe; die Schreibart *διαγρααίων* erklärt die Corruption dieser Stelle, wo nach Arnold und Classen zu lesen ist: *μέχρι γὰρ Λαιαίων Παιόνων καὶ τοῦ Στρυμόνος ποταμοῦ, ὃς δι' Ἀγριάνων καὶ Λαιαίων ῥεῖ, ὡρίζετο* etc.

[*Ἀνίστησιν οὖν ἐκ τῶν Ὀδρυσῶν ὁρμώμενος· πρῶτον*] *μὲν τοὺς ἐντὸς τοῦ Αἵμου* (l. *Αἵμου*) *τε ὄρους καὶ τῆς Ροδόπης Θρᾷκας. ὅσων ἦρχε μέχρι θαλάσσης. ἐς τὸν Εὔξεινόν τε πόντον καὶ τὸν Ἑλλήσποντον· ἔπειτα τοὺς ὑπερβάντι Αἷμον* (Spir. fehlt) *Γέτας. καὶ ὅσα ἄλλα μέρη ἐντὸς τοῦ Ἴστρου ποταμοῦ προσθάλασσαν μᾶλλον τὴν τοῦ Εὐξείνου πόντου κατῳκῆτο* (statt *κατῴκητο*)*· εἰσὶ δ' οἱ Γέται καὶ οἱ ταύτῃ ὅμοροί τε τοῖς Σκύθαις καὶ ὁμόσκευοι· πάντες ἱπποτοξόται· παρεκάλει δὲ καὶ τῶν ὀρινῶν* (l. *ὀρεινῶν*) *Θρᾳκῶν πολλοὺς τῶν αὐτονόμων· καὶ μαχαιροφόρων οἳ Δίοι καλοῦνται· τὴν Ροδόπην οἱ πλεῖστοι οἰκοῦντες· καὶ τοὺς μὲν μισθῷ ἔπειθεν· οἱ δ' ἐθελονταὶ ξυνηκολούθουν· ἀνίστη δὲ καὶ Ἀγριάνας καὶ Λαιαίους· καὶ ἄλλα ὅσα ἔθνη Παιονικὰ ὧν ἦρχε· καὶ ἔσχατοι τῆς ἀρχῆς οὗτοι ἦσαν· μέχρι Γρααίων καὶ Λαιαίων Παιόνων καὶ τοῦ Στρυμόνος ποταμοῦ· ὃς ἐκ τοῦ Σκομίου ὄρους διαΓρααίων καὶ Λαιαίων ῥεῖ· οὗ ὡρίζετο ἡ ἀρχὴ τὰ προσΠαίονας αὐτονόμους ἤδη· τὰ δὲ προσΤριβαλλοὺς καὶ τούτους αὐτονόμους· Τρῆρες ὥριζον καὶ Τιλαταῖοι· οἰκοῦσι δ' οὗτοι προσβορέαν τοῦ Σκομίου ὄρους καὶ παρήκουσι προσηλίου δύσιν μέχρι τοῦ Ὀσκίου ποταμοῦ· ῥεῖ δ' οὗτος ἐκ τοῦ ὄρους ὅθενπερ καὶ ὁ Νέστος καὶ ὁ Ἕβρος· ἔστι δὲ ἔρημον τὸ ὄρος καὶ μέγα ἐχόμενον τῆς Ροδόπης·*

(c. 97.) *Ἐγένετο δὲ ἡ ἀρχὴ ἡ Ὀδρυσῶν· μέγεθος ἐπὶ μὲν θάλασσαν καθ-*

ἤκουσα ἀπὸ Ἀβδήρων πόλεως ἐς τὸν Εὔξεινον πόντον τὸν μέχρι Ἴστρου ποταμοῦ· αὕτη περίπλους ἐστὶν ἡ γῆ τὰ ξυντομώτατα ἢν αἰεὶ καταπρύμναν ἱστῆται τὸ πνεῦμα νηῒ στρογγύλῃ τεσσάρων ἡμερῶν καὶ ἴσων νυκτῶν· ὁδῷ δὲ τὰ ξυντομώτατα ἐξ Ἀβδήρων ἐς Ἴστρον ἀνὴρ εὔζωνος ἑνδεκαταῖος τελεῖ· τὰ μὲν πρὸς θάλασσαν τοσαύτη ἦν· Ἐς ἤπειρον δὲ ἀπο Βυζαντίου ἐς Λαιαίους καὶ ἐπιτὸν Στρυμόνα· ταύτῃ γὰρ δια[πλείστου ἀπὸ θαλάσσης ἄνω ἐγίγνετο ἡμερῶν ἀνδρὶ εὐζώνῳ τριῶν καὶ δέκα ἀνύσαι·]

V.

Anthologia Palatina VIII, 121–128.

Cod. Pal. 23 (nicht 223) beschrieben von Wilken p. 275, der ihn ins 11. Jahrhundert setzt. Richtig ist, dass von p. 453 an eine andere kräftigere Schrift beginnt, doch möchte ich bezweifeln, dass sie älter ist. Die hier facsimilirte ist ungemein zart und zierlich, und deshalb die Nachbildung nicht vollständig gelungen; namentlich fehlen einige der kaum sichtbaren Accente[1]. Doch ist auch im Original die Bezeichnung durch Spiritus und Accente nicht consequent durchgeführt, so wie die Interpunction fast vollständig fehlt. Dass die Ziffern neuer Zusatz sind, bedarf kaum der Erwähnung. In dem ersten Epigramm sind die beiden letzten Zeilen irrthümlich vom folgenden herübergenommen.

ЄIC ЄΫΦΗΜΙΟΝ ΚΑῚ ἈΜΦΊΛΟΧΟΝ ΑΫΤΑΔЄΛΦΟΥC.

[Ἦν δυὰς ἦν (sic) ἱερὴ, ψυχὴ μία, σώματα δισσα (sic),
  πάντα κασιγνήτων (l. κασιγνήτω), αἷμα, κλέος, σοφίην·
υἱέες Ἀμφιλόχου Εὐφήμιος Ἀμφίλοχός τε]
  πᾶσιν Καππαδόκαις ἀστέρες ἐκφανέες.
δεινὸν δ' ἀμφοτέρους φθόνος ἔδρακε, τὸν μὲν ἄμερσε
  ζωῆς, τὸν δ' ἔλιπεν ἥμισυν Ἀμφίλοχον.

[1] Einige Exemplare sind corrigirt.

ΕΙϹ ΕΥΦΗΜΙΟΝ.

Ῥήτωρ ἐν ῥητῆρσιν· ἀοιδοπόλος δ' ἐν ἀοιδοῖς,
κῦδος ἑῆς πάτρης, κῦδος ἑῶν τοκέων,
ἄρτι γενειάσκων Εὐφήμιος, ἄρτι δ' ἔρωτας
ἐς θαλάμους καλέων, ὤλετο· φεῦ παθέων!
ἀντὶ δὲ παρθενικῆς τύμον (l. *τύμβον*) *λάχεν, ἠδ' ὑμεναίων*
ἤματα νυμφιδίων ἦμαρ ἐπῆλθε γόων.

ΕΙϹ ΤΟΝ ΑΥΤΟΝ.

Εἰκοσέτης πᾶσαν Εὐφήμιος ὡς μίαν οὔτις,
Ἑλλάδα κ' Αὐσονίην Μοῦσαν ἐφιπτάμενος,
στράπτων ἀγλαΐῃ τε καὶ ἤθεσιν ἦλθ' ὑπὸ γαῖαν·
αἲ αἲ τῶν ἀγαθῶν ὡς μόρος ὠκύτερος.

ΕΙϹ ΤΟΝ ΑΥΤΟΝ.

Χρυσίης (l. *Χρυσείης*) *γενεῆς Εὐφήμιος ἦν ἔτι τυτθὸν*
λείψανον, εὐγενέτης ἤθεα καὶ πραπίδας,
μείλιχος, ἡδυεπής, εἶδος Χαρίτεσσιν ὁμοῖος·
τούνεκα (sic) *καὶ θνητοῖς οὐκ ἐπὶ δὴν ἐμίγη.*

ΕΙϹ ΤΟΝ ΑΥΤΟΝ.

Στράψε μέγ' ἀνθρώποις Εὐφήμιος, ἀλλ' ἐπιτυτθὸν (sic)·
καὶ γὰρ καὶ στεροπῆς οὐ μακρὸν ἐστι (sic) *σέλας.*
στράψεν ὁμοῦ σοφίῃ τε καὶ εἴδεϊ καὶ πραπίδεσσιν·
τὰ πρὶν Καππαδόκαις ἦν (sic) *κλέα νῦν δὲ γόος.*

ЄІС ΤΟΝ ΑΥΤΟΝ.

Τίς τίνος; Ἀμφιλόχου Εὐφήμιος ἐνθάδε κεῖται,
οὗτος ὁ Καππαδόκαις πᾶσι διαστόματος·
Οὗτος ὃν αἱ Χάριτες Μούσαις δόσαν, οἱ δ' ὑμέναιοι
ἄμφω (l. ἀμφὶ) θύρας· ἦλθεν δ' ὁ φθόνος ὠκύτερος.

ЄІС ΤΟΝ ΑΥΤΟΝ.

Ἔρνος ἀμύμητον (l. ἀμώμητον), Μουσῶν τέκος, εἶαρ ἑταίρων,
καὶ χρύσεον Χαρίτων πλέγμα ἰοστεφάνων,
ᾤχετο ἐκ μερόπων Εὐφήμιος, οὐδετ' (sic) ἀνέσχεν
αἲ αἲ σοῖς θαλάμοις πυρσὸς ὃν ἧψεν Ἔρως.

ʽΗΡΩΙΚΑ ЄІС ΤΟΝ ΑΥΤΟΝ ЄΥΦΗΜΙΟΝ.

Αἱ Χάριτες Μούσαισι· τί ῥέξομεν; οὐκέτ' ἄγαλμα
Χειρῶν ἡμετέρων Εὐφήμιος ἐν μερόπεσσιν.
Χἀι Μοῦσαι Χαρίτεσσιν· ἐπεὶ φθόνος ἐστὶν ἀλιτρὸς,
τόσσον ἔχοι· ἡμῖν δὲ τόδ' ὅρκιον ἔμπεδον ἔστω,
[μηκέτ' ἀναστῆσαι τοῖον μερόπεσσιν ἄγαλμα.]

VI.

Plutarchi Vita Pelopidae c. 15.

Cod. Pal. 169. saec. XII. nach Wilken p. 281, sehr schön geschrieben, deutlich und fast ohne Abkürzungen. Die Interpunction ist die gewöhnliche der älteren griechischen Handschriften, die Präpositionen in der Regel mit dem Hauptwort verbunden. In den letzten Zeilen sind Correcturen, die gleichzeitig erscheinen; das fehlerhafte *ω* ist unberührt geblieben, und bei *ἀπολιπων* der Accent nicht hinzugethan. Ein Absatz wird an anderen Stellen auch durch einen einfachen kleinen Querstrich am Rande bezeichnet; am Anfang jeder Biographie ist der Name in rother Farbe übergeschrieben, und die erste Initiale roth und verziert. Der Text lautet:

[*Ἦν δὲ ὡς ἀληθῶς διδάσκαλος. οὐκ Ἀγησίλαος.*] *ἀλλ' οἱ συγκαιρῷ καὶ μετὰ λογισμοῦ τοὺς Θηβαίους ὥσπερ σκύλακας ἐμπείρους* (sic, *ἐμπείρως* ed.) *προσβάλλοντες τοῖς πολεμίοις. Εἶτα. γευσαμένους νίκης καὶ φρονήματος ἀσφαλῶν ἀγαπῶντες* (l. *ἀσφαλῶς ἀπάγοντες*). *ὧν μεγίστην δόξαν εἶχεν ὁ Πελοπίδας. ἀφ' ἧς γὰρ εἵλοντο πρῶτον ἡγεμόνα τῶν ὅπλων οὐκ ἀνεπαύσαντο καθέκαστον ἐνιαυτὸν τὸν* (l. *αὐτὸν* vel del.) *ἄρχοντα χειροτονοῦντες· ἀλλ' ἢ τὸν ἱερὸν λόγχον* (l. *λόχον*) *ἄγων. ἢ τὰ πλεῖστα βοιωταρχῶν ἄχρι τῆς τελευτῆς ἔπραττεν. Ἐγένοντο μὲν οὖν καὶ περὶ Πλαταιὰς ἧτται καὶ φυγαὶ τῶν Λακεδαιμονίων· ὅπου καὶ Φοιβίδας ὁ τὴν Καδμίαν* (l. *Καδμείαν*) *καταλαβὼν ἀπέθανε. πολλοὺς δὲ καὶ πρὸς Τάναγραν τρεψάμενος. αὐτὸν καὶ Πανθοίδην τὸν ἁρμοστὴν ἀνεῖλεν· ἀλλ' οὗτοι μὲν οἱ ἀγῶνες ὥσπερ τοὺς κρατοῦντας εἰς φρόνημα καὶ θάρσος προῆγον. οὕτως τῶν ἡσσωμένων οὐ παντάπασιν ἐδουλοῦντο τὴν γνώμην· οὐ γὰρ ἐκ παρατάξεως ἦσαν οὐδὲ μάχης ἐμφανῆ κατάστασιν ἐχούσης καὶ νόμιμον· ἐκδρομὰς δὲ προσκαίρους τιθέμενοι. καὶ φυγὰς ἢ διώξεις ἐπιχειροῦντες αὐτοῖς καὶ συμπλεκόμενοι. κατώρθουν·* (c. 16) *ὁ δὲ περὶ Τεγύρας τρόπον τινὰ τοῦ Λευκτρικοῦ προαγὼν γενόμενος. μέγαν ἦρεν ἐν δόξῃ τὸν Πελοπίδαν· οὔτε προσκατόρθωμα τοῖς στρατηγοῖς* (l. *συστρατήγοις*) *ἀμφισβήτησιν· οὔτε τῆς ἥττης πρόφασιν τοῖς πολεμίοις ἀπολειπων* (l. *ἀπολιπών*). *τῇ γὰρ Ὀρχομενίων πόλει τὰ κ. τ. λ.*

VII.

Plutarchus de Alexandri M. virtute I. 5.

Cod. pal. 153. nach Wilken p. 280 auch saec. XII. und dem vorigen sehr ähnlich, nur von kleinerem Format. Die Ueberschrift auf der ersten Seite ist in zierlicher, roth und goldener Uncialschrift, weiterhin aber sind auch die Ueberschriften schmucklos. Der einfache Punkt hat oft ganz die Gestalt unsers Komma, ohne dass eine Unterscheidung beabsichtigt zu sein scheint. Der kleine Strich am Rande könnte auf der vorliegenden Probe als

Bindestrich erscheinen, ist jedoch die Bezeichnung eines Satzanfanges. Bei *Ἀραχωσίους* fehlt das zweite *α*; der im Facsimile erscheinende Haken scheint nur ein zufälliger Fleck zu sein. Der Text lautet:

[*Ἀλλὰ Κριτίαι καὶ*] *Ἀλκιβιάδαι· καὶ Κλειτοφῶντες, ὥσπερ χαλινὸν τὸν λόγον ἐκπτύσαντες, ἄλλη που παρετράπησαν· τὴν δὲ Ἀλεξάνδρου παιδείαν ἂν ἐπιβλέπῃς, Ὑρκανοὺς γαμεῖν ἐπαίδευσε· καὶ γεωργεῖν ἐδίδαξεν, Ἀραχωσίους· καὶ Σογδιανοὺς ἔπεισε πατέρας τρέφειν. μὴ φονεύειν· καὶ Πέρσας σέβεσθαι μητέρας. ἀλλὰ μὴ γαμεῖν· ὢ θαυμαστῆς φιλοσοφίας· δι' ἣν Ἰνδοὶ, θεοὺς ἑλληνικοὺς προσκυνοῦσι· Σκύθαι θάπτουσι τοὺς ἀποθανόντας, οὐ κατεσθίουσι· θαυμάζομεν τὴν Καρνεάδου δύναμιν, εἰ Κλειτόμαχον, Ἀσδρούβαν καλούμενον πρότερον. καὶ Καρχηδόνιον τὸ γένος, ἑλληνίζειν ἐποίησε; θαυμάζομεν τὴν διάθεσιν Ζήνωνος, εἰ Διογένη τὸν Βαβυλώνιον ἔπεισε φιλοσοφεῖν; ἀλλ' Ἀλεξάνδρου τὴν Ἀσίαν ἐξημεροῦντος, Ὅμηρος ἦν ἀνάγνωσμα· Περσῶν καὶ Σουσιανῶν· καὶ Γεδρουσίων παῖδες,* [*τὰς Εὐριπίδου καὶ Σοφοκλέους τραγῳδίας ᾖδον·*]

VIII a.

Aristoteles de Virtutibus.

Cod. pal. 132, eine von verschiedenen Händen des 15. Jahrhunderts recht sauber, aber zum Theil wenig correct geschriebene Handschrift auf Papier in Quart; s. Fr. Creuzer's Meletemata I, 1—41. Wilken l. c. p. 279. Die Buchstaben *α* und *π* in der Ueberschrift, dann das grosse *E* sind roth gemalt. Der Acc. gravis vor einer Interpunction bleibt durchgängig unverändert.

Ἀριστοτέλους περὶ ἀρετῶν.

Ἐπαινετὰ μέν εἰσὶ (l. *ἐστι*) *τὰ καλὰ, ψεκτὰ δὲ τὰ αἰσχρὰ· Καὶ τῶν μὲν καλῶν ἡγοῦνται* (l. *ἡγ.*) *αἱ ἀρεταὶ· τῶν δὲ αἰσχρῶν αἱ κακίαι· ἐπαινετὰ δέ ἐστι* (Spir. fehlt) *καὶ τὰ αἴτια τῶν ἀρετῶν, καὶ τὰ παρεπόμενα ταῖς ἀρεταῖς, καὶ τὰ γινόμενα ὑπ'* (l. *ἀπ'*) *αὐτῶν, καὶ τὰ ἔργα αὐτῶν· ψεκτὰ δὲ τὰ ἐναντία· τριμεροὺς* (l. *τριμεροῦς*) *δὲ τῆς ψυχῆς, λαμβανομένης καταΠλάτωνα· τοῦ μὲν λογικοῦ* (l. *λογιστικοῦ*) *ἀρετή ἐστὶν* (sic), *ἡ φρόνησις· τοῦ δὲ θυμοειδοῦς,* ἥ τε πραότης καὶ (ἡ) ἀνδρεία· τοῦ δὲ ἐπιθυμητικοῦ. ἥγε (l. ἥ τε) σωφροσύνη καὶ (ἡ) ἐγκράτεια· Ὅλης δὲ τῆς ψυχῆς. ἡ (l. ἥ τε) δικαιοσύνη καὶ (ἡ) ἐλευθεριότης, καὶ ἡ μεγαλοψυχία.

VIII b.

Alciphronis Epist. I, 1.

Aus derselben Handschrift f. 184. Die beiden ersten Zeilen und die Initialen sind roth. Die moderne Form der Spiritus und Accente, so wie der Abkürzungszeichen, zeigt sich hier viel entschiedener wie in der vorigen Probe. In diesem und den anderen Stücken der Handschrift sind auch Bindestriche nicht selten.

Ἀλκίφρονος ῥήτορος ἐπιστολαὶ ἁλιευτικαί:
Εὔδιος Φιλοσκάφῳ.

Χρηστὴν ἡμῖν ἡ θάλασσα τὸ τήμερον εἶναι τὴν γαλήνην ἐστόρεσεν· ὡς γὰρ τρίτην ταύτην εἶχεν ὁ χειμὼν ἡμέραν καὶ λάβρως κατὰ τοῦ πελάγους ἐπέπνεον ἐκ τῶν ἀκρωτηρίων οἱ βορεῖς. καὶ ἐπεφρίκει μὲν ὁ πόντος μελαινόμενος. τοῦ ὕδατος δὲ (am δ ist der untere Strich nicht dick genug, aber auch im Original sieht es eher wie *I* aus) *ἀφρὸς ἐξηνθήκει πανταχοῦ τῆς θαλάσσης ἐπ' ἀλλήλων ἐπικλωμένων τῶν κυμάτων. τὰ μὲν γὰρ ταῖς πέτραις προσηράσσετο. τὰ δὲ, εἴσω ἀνοιδοῦντα ἐρρήγνυντο, ἀεργία παντελὴς ἦν· καὶ ....*

IX.

Nicephori Gregorae hist. Rom. l. XXIX, 22 25, p. 239 ed. Bekk.

Cod. Pal. 299 in Folio auf schönem starkem und glattem Papier sehr gut und deutlich geschrieben, s. Wilken p. 284. Statt der Doppelpunkte des ϊ findet sich oft ein einziger Punkt; auch laufen die zwei zu einer Linie zusammen; ι subscr. fehlt ganz. Bindestriche nach moderner Art sind häufig. Der Text verherrlicht die Kaiserin Eulogia.

[συναιρομένη δ' ἐξ ἰφημερείας καὶ αὕτη (l. *αὐτὴ*) *τὸν πάσαις] ἐκείναις*

ἀνάλογον τρόπον, ὥσπερ ὁμόδουλος, ἄχρι τῶν ὀπτανείων, καὶ εἴ τι τῶν χυδαιοτέρων ἐτύγχανεν ὄν· καὶ συλλήβδην εἰπεῖν, ἀρχέτυπον ἀρετῆς ἁπάσης ἁπάσαις ἑαυτὴν προτιθεῖσα, καὶ βίου σεμνοῦ μέχρι καὶ ἐς δεῦρο διήρκεσεν· ἑβδομηκοστὸν ἐγγύς που τῆς ἡλικίας ἄγουσα χρόνον· (23) καὶ τί χρή (l. χρὴ) πλείω διεξιέναι πρὸς σέ, πλέον τῶν ἄλλων τὰ ἐκείνης εἰδότα· μέμνημαι γὰρ καὶ πολλάκις σοῦ γε ἀκηκοώς· ἔστιν ᾶ (l. ἃ) τῶν ἐκείνης ἀφηγημένου καλῶν· καὶ ἐρεθίζοντος ἴσως εἰς ἕξιν ἀσκήσεως ἀγαθῆς τοὺς ἀκούοντας· ὡς βαθεῖαν τέ (l. βαθεῖάν τε) ἐκέκτητο σύνεσιν ἡ γυνή· καὶ σιωπῶσα καὶ φθεγγομένη παραίνεσις ἦν ἀεί (l. ἀεὶ) ταῖς συνοῦσι· καὶ μέγα καὶ ἀπαράμιλλον τοῦ μοναδικοῦ παράδειγμα βίου· καὶ οἷον αἰθεροδρομούσης σεμνότητος ἦθος αὐτοφυές τε καὶ αὐτοχάλκευτον ἁπάσης τε πνευματικῆς παιδείας κανὼν ἀκριβὴς καὶ δικαιοσύνης ζυγὸς ἀρρεπής (das ι ist eine falsche Correctur). ἔτι τε (l. δὲ) θυμοῦ κινήσεσιν ὀξυρρόποις καὶ αὐτονόμοις καὶ εἰς τὰς αἰτίας εὐλόγους ἐκέκτητο, οὔτε χεὶρ αὐτῆ (d. i. αὐτῇ) ποτ' ὤφθη τῶν πάντων οὐδέσιν, οὔτε γλῶττα διακονήσασα προπετής· ἀλλ' ἐν αὐτοῖς εὐθὺς ἀναιροῦσα τοῖς λογισμοῖς διετέλει τὰς ῥίζας ἐντὸς πρὸ τῆς βλάστης· (24) τόν γε μὴν τῆς ἀργίας καιρὸν βίβλων ἱερῶν παρεῖχεν ἀεὶ ἀναγνώσεσι· καὶ πεῖραν ἐντεῦθεν ὑψηλῆς θεωρίας συνῆγε μακρὰν καὶ ποικίλην· ὁπόση τοῖς θείοις τῆς ἐκκλησίας δόγμασι καιροῦ καλοῦντος, ἐγένετο (l. ἐγένετό) οἱ σύμμαχος κράτιστος· ὥσπερ δ' οὖ ἱερωσύνη τῆ ἀληθεία (l. ἱερωσύνῃ τῇ ἀληθείᾳ) τὴν γλῶτταν τιμήσασα, ἀκάματον τὴν τῶν χειλέων ἀκρόπολιν ἔστησε φύλακα· ὡς μὴ λάθη (l. λάθοι) προκύψας ὀψέ ποτε λόγος. μάλα μέν τις ἐπαγγελτικὸς, οὐ μάλα δέ τις τελεσιουργός (l. τελεσιουργὸς) καὶ ὠφέλιμος· καὶ τὰ πλείω λέγοις ἂν αὐτὸς καὶ ἀφηγοῖο, πλατυτέρα γλώττῃ (πλατυτέρᾳ γλώττῃ) τέ (l. τε) καὶ βίβλοις μάλα γέ τοι (τι Bekk.) σφόδρα ἁρμοττούσαις· νῦν δέ σοι καὶ περὶ τῶν ἔξωθεν ἀπαγγελλομένων ἔνια διηγήσομαι (hier ist der Seitenstrich des σ zufällig ausser Verbindung mit der Rundung, und ο zu einem dicken Strich geworden, doch im Original noch etwas kenntlicher wie in der Nachbildung), ὧν καὶ ὁ παρὼν τὰς ἡμῶν ἀκοὰς ἐνέπλησε χρόνος τῶν δυσχερῶν· (25) φήμη γὰρ ἀφίκετο πρώτριτα ἐς Βυζάντιον ἐκ τῶν ἔωθεν ἐπιδημησάντων Ἀντιοχέων, ...

X.

Hephaestionis enchiridion de metris p. 11 ed Gaisford.

Aus derselben Handschrift 132, aus welcher VII und VIII genommen sind. Diese Schrift ist voll von den Abkürzungen der jüngeren Codices; die durchgängig fehlenden ι subscr. habe ich ergänzt. Die Veränderung des gravis vor einer Interpunction ist auch hier, wie in vielen Handschriften, selten beachtet

[ὑψηλὰς] ἐς πόντον ὁρῶν ἄειδε τοιαῦτα· καὶ παρ' Ὁμήρῳ· οἶδ' ἀρετὴν οἷος ἐσσί· τί σε χρὴ ταῦτα λέγεσθαι· καὶ παρὰ Κρέοντι (l. παρ' Ἀνακρέοντι) ἐν ἐλεγείαις· οὐδέ τι τοι πρὸς θυμὸν· ὅμως (γε) μὲν ὡς ἀδιάστως (l. ἀδοιάστως)· (§ 13) Ἐπὶ μὲν γὰρ τῶν τοιούτων, σοὶ ναίουσ' ὑποφῆται ἀνιπτόποδες χαμαιεῦναι· καὶ ἔδμεναι οἷα σύες χαμαιευνάδες αἰὲν ἔδουσιν· ἴσως διὰ τὸ φαντασίαν τινὰ παρέχειν τοῦ ἀπηρτῆσθαι (l. ἀπηρτίσθαι) τὴν λέξιν ἐν τῷ χαμαὶ, ὡς μία ἡ χαμαὶ ἀκούεται· τῇ μέντοι (γε) η̄ (l. υ̅ι̅) διφθόγγῳ ἐὰν παρακολουθήσῃ τὸ τοιοῦτον, τελείως τραχὺς ὁ στίχος γίνεται· οἷον Ἕκτορ (der Spiritus, ein einfach senkrechter Strich, ist durch Versehen zum lenis geworden) υἱὲ Πριάμοιο· (§ 14) Δεύτερος δέ ἐστι τρόπος, ὅταν βραχὺ (l. βραχεῖ) ἢ βραχυνομένῳ φωνήεντι ἐπιφέρηται ἐν τῇ ἑξῆς συλλαβῇ σύμφωνα δύο· ὧν τὸ μὲν πρῶτον αἴφωνον (l. ἄφωνον) ἐστὶ. τὸ δὲ δεύτερον ὑγρὸν· οἷον ὅπλον· ἄκρον· Πάτροκλέ μοι δειλῇ· ὅταν δὲ τὸ προηγούμενον ἡμίφωνον ᾖ, οὐκέτι κοινή ἐστιν ἡ προκειμένη· ἀλλὰ τελέως μακρὰ· (§ 15) Προτάσσεται δὲ ἡμίφωνον ὑγροῦ, τὸ μὲν μ̄ τοῦ ν̄· οἷον ἀμνὸς· τὸ δὲ σ̄ τοῦ μ̄· οἷον, ἐσμός· καὶ τὸ σ̄ τοῦ λ̄ κατὰ πάθος· ὡς ἐν τῷ ἀμάσλης (l. μάσλης)· καὶ σπανίως τοῦ ν̄ ὡς ἐν τῷ Μάσνης (l. Πάσνης καὶ Μάσνης)· ἃ δὴ ὀνόματα παρὰ Ξάνθῳ εἰσὶν ἐν τοῖς Λυδιακοῖς· (§ 16) Ἤδη μέντοι ἡ διὰ τοῦ μ̅ν̅ σύνταξις, ἐποίησέ που καὶ βραχεῖαν· ὡς παρὰ Κραντίνῳ (l. Κρατίνῳ) ἐν Πανόπταις· ἀλλοτριογνώμης (l. ἀλλοτριογνώμοις) ἐπιλήσμοσι (der Strich über ἐπι ist kein Accent, sondern es sind die Doppelpunkte des ι) μνημονικοῖσι· καὶ παρ' Ἐπιχάρμῳ ἐν Μεγαρίδι· εὔυμνος καὶ μουσικὰν ἔχουσα πᾶσαν φιλόληρος (al. φιλόλυρος) ἠχὴ· καὶ παρὰ

Καλλιμάχῳ· τώσμεν (l. *τὼς μὲν*) *ὁ Μνησάρχιος* (l. *Μνησάρχειος*) *ἔφη ξένος·* (§ 17) *Ἐὰν μέντοι* ......

XI.

Aeliani Var. hist. II, 43. 44.

Cod. Pal 155 (Wilken p. 280) auf sehr weissem und feinem Pergament von einer zierlichen Hand des 15. Jahrhunderts sauber und sorgfältig geschrieben; Ueberschriften und Initialen in sehr verblasster rother Dinte. Die ι subscr. sind hier schon, wo sie überhaupt gesetzt sind, ganz nach der modernen Art angebracht. Die Striche unter einigen Worten sind von zweiter Hand zur Bezeichnung verderbter Stellen gezogen.

[43. *Πενέστατοι ἐγένοντο οἱ ἄριστοι τῶν Ἑλλήνων Ἀριστείδης ὁ Νικομάχου* (l. *Λυσιμάχου*)] *καὶ Φωκίων ὁ Φώκου καὶ Ἐπαμεινώνδας ὁ Πολυμάτιδος* (l. *Πολύμνιδος*) *καὶ Πελοπίδας ὁ Θηβαῖος καὶ Λάμαχος ὁ Ἀθηναῖος καὶ Σωκράτης ὁ Σωφρονίσκου καὶ Ἐφιάλτης δὲ ὁ Σοφωνίδου καὶ ἐκεῖνος:·*

(44) *Ἔκφρασις εἰκόνος:*

Θέωνος τοῦ ζωγράφου πολλὰ μὲν καὶ ἄλλα ὁμολογεῖ τὴν χειρουργίαν ἀγαθὴν οὖσαν· ἀτὰρ οὖν καὶ τόδε τὸ γράμμα. Ὁπλίτης ἐστὶν ἐκβοηθῶν ἄφνω τῶν πολεμίων εἰσβαλλόντων καὶ δῃούντων ἅμα καὶ κειρόντων τὴν γῆν· ἐναργῶς δὲ καὶ πάνυ ἐκθύμως ὁ νεανίας ἔοικεν ὁρμῶντι εἰς τὴν μέχην καὶ εἶπεν (l. *εἶπες*) *ἂν αὐτὸν ἐνθουσιᾶν ὥσπερ ἐξ Ἄρεος μανέντα. Γοργὸν μὲν αὐτῷ βλέπουσιν οἱ ὀφθαλμοί· τὰ δὲ ὅπλα ἁρπάσας ἔοικεν ᾗ ποδῶν ἔχειν* (l. *ἔχει*). *ἐπὶ τοὺς πολεμίους ᾄττειν· προβάλλεται δὲ ἐντεῦθεν ἤδη τὴν ἀσπίδα καὶ γυμνὸν ἐπισείει τὸ ξίφος φονῶντι ἐοικώς· καὶ σφάττειν βλέπων καὶ ἀπειλῶν δι' ὅλου τοῦ σχήματος, ὅτι μηδενὸς φείσεται καὶ πλέον οὐδὲν περιείργασται τῷ Θέωνι οὐ λοχίτης, οὐ ταξίαρχος, οὐ λόχος οὐχ' ἱππεὺς οὐ τοξότης. ἀλλὰ ἀπέχρησέν οἱ καὶ ὁ εἷς ὁπλίτης οὗτος, πληρῶσαι τὴν τῆς εἰκόνος ἀπαίτησιν· οὐ πρότερόν γε μὴν ὁ τεχνίτης ἐξεκάλυψε τὴν γραφήν, οὐδὲ ἔδειξε τοῖς ἐπὶ τὴν θέαν συνειλεγμένοις πρινὴ σαλπιγκτὴν παρεστήσατο· καὶ προσέταξεν αὐτῷ τὸ παρορμη-*

τικὸν ἐμπνεῦσαι μέλος. διάτορόν τι (l. *τε*) *καὶ γεγωνὸς ὅτι μάλιστα καὶ οἷον εἰς τὴν μάχην ἐγερτήριον· ἅμα τε οὖν τὸ μέλος ἠκούετο τραχὺ καὶ εἰς* (del.) *φοβερὸν καὶ οἷον εἰς ὁπλιτῶν ἔξοδον ταχέως ἐκβοηθούντων μελῳδούσῃ σάλπιγγι· καὶ ἐδείκνυτο ἡ γραφὴ καὶ ὁ στρατιώτης ἐβλέπετο. τοῦ μέλους ἐναργεστέραν τὴν φαντασίαν τοῦ ἐκβοηθοῦντος ἔτι καὶ μᾶλλον παραστήσαντος:·*

Τέλος τοῦ δευτέρου βιβλίου: —

XII.

Athenaei Deipnosophist. III, 99. 100.

Cod. Pal. 47, s. Wilken p. 277, Schweigh. in praef. ad Athen. p. LVIII, Dindorf ib. p. V. Er ist auf sehr starkem und glattem Papier von einer ungemein sicheren und gleichmässigen Hand geschrieben; die Anfänge der Bücher sollten verziert werden, was aber nicht geschehen ist, weshalb auch die Anfangsbuchstaben fehlen. Der Schreiber nennt sich am Schluss der beiden Bände, aus welchen ursprünglich die Handschrift bestand; am Ende des zweiten steht: Scripsit Paul. Decan. Ven. Patrit Venetiis. $\overline{\text{MDV}}$. $\overline{\text{XI}}$ Cal. Sept. Perfec. Dieselbe Inschrift steht auch nach dem Schluss des neunten Buches, aber mit dem Datum: $\overline{\text{MDVI}}$. $\overline{\text{XI}}$ Cal. Maias. Die erste Hälfte ist also zuletzt geschrieben.

Ich gebe den Text nach Dindorfs Ausgabe mit Absetzung und Herstellung der Verse und Ergänzung der oft fortgelassenen *ι* subscr. so wie der Interpunctionen, ohne die einzelnen kleinen Abweichungen zu bemerken. Die meisten Fehler fallen nicht unserm Patricier zur Last, da sie sich ebenso auch in anderen Handschriften finden.

[ἐν δὲ τοῖς ἐπιγραφομένοις Συντρέχουσι κνι]σολοιχίαν εἴρηκεν ἐν τούτοις·

> *ὁ πορνοβοσκὸς* (Acc. fehlt) *γάρ μ' ὑπὸ κνισολοιχίας*
> *χορδήν τιν' αἱματῖτιν αὐτῷ* (l. *αὐτῷ*) *σκευάσαι*
> *ἐκέλευσε ταυτηὴν ἐμὲ* (*ταυτηνί με* Schweigh.).

τοῦ κνισολοίχου δὲ καὶ Ἀντιφάνης μνημονεύει ἐν Βομβυλίῳ. ὅτι δ' ἔπινον καὶ γλυκὺν οἶνον μεταξὺ ἐσθίοντες Ἄλεξίς φησιν ἐν Δρωπίδῃ·

εἰσῆλθεν ἡ 'ταίρα φέρουσα τὸν γλυκὺν
ἐν ἀργυρῷ ποτηρίῳ πετάχνω (l. πετάχνῳ) τινὶ
ἀστειοτάτῳ τὴν ὄψιν, οὔτε τρυβλίῳ
οὔτε φιάλῃ· μετεῖχε δ' ἀμφοῖν τοῖν ῥυθμοῖν.

(100) Ἑξῆς ἐπεισηνέχθη πλακοῦς ἐκ γάλακτος ἰτρίων (l. ἰτρίων) τε καὶ μέλιτος, ὃν Ῥωμαῖοι λίβον καλοῦσι. καὶ ὁ Κύνουλκος ἔφη· Ἐμπίμπλασο Οὐλπιανὲ χεβροδλάψου (l. χθοροδλάψου) πατρίου, ὃς παρ' οὐδενὶ τῶν παλαιῶν μὰ τὴν Δήμητρα γέγραπται, πλὴν εἰ μὴ ἄρα παρὰ τοῖς τὰ Φοινικὰ (l. Φοινικικὰ) συγγεγραφόσι, Σουνιαίθωνι (l. Σαγχουνιάθωνι) καὶ Μώχῳ τοῖς σοῖς πολίταις. καὶ ὁ Οὐλπιανός, ἀλλ' ἐμοὶ μέν, ἔφη, ὦ κυνόμυια (l. κυνάμυια), μελιπήκτων ἅλις, ἡδέως δ' ἂν χόνδρου φάγοιμι τῶν ὀστρακίδων ἢ τῶν κοχλίων ἀφθόνως ἐχόντος. καὶ κομισθέντος, δότε, ἔφη, μυστιλήνου (l. μυστίλην)· οὐ γὰρ ἂν εἴποιμι μύστρον, παρ' οὐδενὶ δὲ (del.) τῶν πρὸ ἡμῶν εἰρημένον. Ἐπιλήσμων εἶ, ἔφη, ω θαυμάσιε, αἰμιλιανὸς (l. ὁ Αἰμιλιανός; der erste Strich des *α* hat hier und in *φιλάρχαιον* im Original noch eine geringe Verdickung, welche die Rundung ersetzt, und *αι* von *η* unterscheidet)· οὐ σὺ μέντοι τὸν Κολοφώνιον Νίκανδρον ἀεὶ τεθαύμακας τὸν ἐποποιὸν ὡς φιλάρχαιον καὶ πολυμαθῆ, καὶ ὡς τὸ πεπέριον ὀνομάσαντα παρέθου; οὗτος τοίνυν αὐτὸς ἐν τῷ προτέρῳ τῶν Γεωργικῶν ἐμφανίζων τὴν τοῦ χόνδρου χρῆσιν καὶ μύστρον ὠνόμασε διὰ τούτων·

Ἀλλ' ὁπότ' ἢ ἐρίφοιο νεοσφάγος ἢέ κεν ἀρνὸς,
ἢ αὐτοῦ ὄρνιθος ἐφοπλίζεσθαι (l. ἐφοπλίζηαι) ἐδωδὴν,
χίδρα μὲν ἐκτρίψειας ὑποστρώσας δ' (del.) ἐνὶ κοίλοις
ἄγγεσιν, εὐύδει δὲ μιγῇ ἅμα φῦρσον ἐλαίῳ,
ζωμὸν δὲ βρομέοντα κατ' αὐτὰς ἔπνιγε (l. καταντλας .... πνῖγε.
Dazwischen fehlen zwei Halbverse) δὲ πῶμα
ἀμφιβαλών· φωκτὸν γὰρ ἀνοιδαίνει βαρὺ χρῖμνον.

ἠρέμα δ' ἔγχλιάον (l. ἠρέμα δὲ χλιάον) κοίλοις ἐκδαίνευ (l. ἐξαίνυσο) μύστροις.

Διὰ τούτων, ὦ θαυμασιώτατε, ὑπογράφει ὁ Νίκανδρος τὴν χρεῖαν τοῦ χόνδρου καὶ τῆς ἐπτισμένης κριθῆς, ἐπιχεῖν κελεύων ἀρνὸς ἢ ἐρίφου ζωμὸν ἢ ὄρνιθος. τὰ μὲν οὖν χίδρα, φησὶν, ἔκτρίψομεν (l. ἔκτριψον μὲν ἐν) θυείᾳ, μίξας δ' ἔλαιον αὐτοῖς ἀναφύρασον, ἡνίκ' ἂν ἕψηται. τὸν ἐκ τῆς τοιᾶσδε σκευῆς ἀναβρομοῦντα ζωμὸν πυκνότερον τῇ ζωμηρύσει καταμίγνυε, μηδ' ἕτερον ἐπεγχέων, ἀλλ' αὐτὸν ἀπ' αὐτοῦ ἀρυόμενος πρὸς τὸ μηδὲν ὑπερζέσαι τοῦ πιμελεστέρου. διὸ καὶ φησί· κατάπνιγε τὸ ὑπερζέον, ἐπιθεὶς πῶμα· τὸ κριμνὸν (l. τὸ γὰρ κρῖμνον) οὕτω φωκτὸν γινόμενον δὲ οἰδεῖ (l. διοιδεῖ). τελευταῖον δὲ πράως χλιαρὸν γενόμενον κοίλοις προσφέρου τοῖς μύστροις. ἀλλὰ μὴν καὶ Ἱππόλοχος ὁ Μακεδὼν ἐν τῇ πρὸς Λυγκέα ....

Nachträge und Berichtigungen.

p. 18. Anm. 1. Die hier angeführte Abhandlung von Choulant enthält nur eine Beschreibung der beiden Wiener Handschriften des Dioscorides in Bezug auf die Bilder.

p. 21. l. 26. Minuskel l. Majuskel.

Gerne würde ich den freien Raum benutzen, um über die neue Ausgabe der Geographie des Ptolemaeus von Langlois, nach dem Manuscript von Vatopedi auf dem Athos, zu berichten, allein ich habe sie noch nicht erhalten können. Die Handschrift soll im 12. oder 13. Jahrhundert geschrieben, und mit Hülfe der Photographie genau und vollständig wiedergegeben sein.

Die wesentlichsten Veränderungen der griechischen Buchstaben und die wichtigsten Abkürzungen.

Α

Diese normale Form erscheint zuerst in herculanensischen Rollen und in den Ambrosianischen Fragmenten der Ilias: Α. In Handschriften, die im Occident geschrieben sind, erscheint sie als großer Anfangsbuchstabe in Minuskelschrift, und in Unterschriften. Die gewöhnlichen Formen in alter Uncialschrift sind Α, Λ, λ, λ. Die nächste Veränderung besteht in der Verbindung der beiden kürzeren Linien zu einer Rundung: α, α, α. Sie findet sich schon im Hyperides und anderen ägyptischen Fragmenten, und daran schließt sich die altglagolitische und kyrillische Form α. Späteren Uncialschriften haben ferner nur Α, Α. In anderen dagegen nähert es sich sehr dem Delta, so in der Legenda S. Georgii Δ, und in Handschriften, die aus Aegypten stammen: α, α; daran schließt sich die koptische Form α. Eine besondere Classe ägypt. Handschriften hat die Form α.

In den ältesten Proben von Cursivschrift findet sich λ, λ, auch λ, von Lambda nicht zu unterscheiden; ähnlich ist das gothische λ. Sehr bald aber finden wir den Buchstaben mit einem Zuge gebildet: α, α, in der flüchtigen Schrift sehr vielgestaltig, z. B. α u. a.

[illegible] - ταπεινώματι statt ταπεινώματι (1319 p. C.). Sehr häufig sind die Formen [illegible], [illegible], [illegible] welche auch zur Minuskel führen. In den Briefe Constantins V an Zacharias findet sich [illegible], [illegible], aber mit Gamma verbunden zu [illegible]. Diese und ähnliche Formen finden sich nun auch in Minuskel, z. B. [illegible]. Sehr nahe liegt oft die Verwechslung mit αι, welches zuweilen ganz ebenso aussieht, doch nicht in derselben Handschrift. In Verbindung mit andern Buchstaben verkürzt es sich, z. B. [illegible] = αγ, [illegible] = αυ, [illegible] = αξ.

Wie im Glagolitischen aus [illegible] später + wird, so findet sich in Scholien saec. X p. C. + für αι. Vielleicht entstanden daraus die Abkürzungsformen + und -, z. B. δ+ = δαι, τ+ = ται, [illegible] = μαι, auch [illegible], sonst [illegible] und [illegible], [illegible] = βαι, [illegible] = σπέρμα, [illegible] ist die Endung μαι. Wie diese, sind auch die folgenden rein conventionellen Zeichen ohne Zweifel der Stenographie entnommen.

αι hat in Uncialschrift das Zeichen ∨ und ∼ sowohl in der Zeile als darüber, z. B. ΠΟΛΙΤΕΙΝ = πολιτεύει in den Platonischen Scholien Reg. 1807. In der Minuskel wird αι am Ende, zuweilen auch in der Mitte abgekürzt: [illegible] = λαι, [illegible] = ται, [illegible] = σθαι, [illegible] = θαι, [illegible] = σαι.

αις ist [illegible], z. B. [illegible] = ταῖς, was auch mit dem gewöhnlichen Zeichen für αι, [illegible] geschrieben wird.

αν (seltener αν) ∠ und ⌐ ; πᷓτα = ᾱτ = π̄τ = πάντα. ∠ steht jedoch gewöhnlich für ων

ἀπό: … , … , … , … , auch π̄. Aber ἀπ̄ = ἀπόστολος, Plur. ἀπ̄π̄

αρ: … und abweichend oben in σάρκα; γ̄ = γάρ

ἄρα: … und …, dieses schon in Herculan. Rollen; π̄ = παρά.

ας = … z. B. ποιᾶ = ποιᾶς; später nur über der Zeile: -μι = -μίας.

ᾱ ist 1 oder πρῶτο-

B.

Die normale Form kommt in Uncialschrift und Cursive vor; in beiden wird aber auch schon sehr früh der untere Horizontalstrich verlängert: B, B; daran schließt sich das koptische B. Schon früh wird auch eine Rundung zugefügt: B, B, auch sogar (saec. VIII) Б, Б, und saec. X: Ь. Im Slavischen ist dies benutzt, um den Buchstaben zu spalten in Б = b und В = v. Gothisch ist er oben offen: B. Auch wird die obere Rundung gelassen, und die untere zugefügt: B, oder beide von einander entfernt: B. Schon im Hyperides und sonst häufig, überragt B die anderen Buchstaben: λBτ τ̃ Bαρους = τοῦ βάρους, Hym. Makkab. bei Mai. προBατα ähnlich. Im raschen Schreiben wird daraus in der Cursive … , … , indem man mit einem Striche auszukommen sucht. In der Minuskel finden wir B, β, die anderen Buchstaben überragend, zuweilen auch statt dessen halb unter die Zeile sinkend. Zuweilen öffnet es sich unten: β, z. B. βασιλ = βασιλ. κύρ. βουλ.

βούλεται. Noch später verlängert sich der Unterstrich über die Zeile: β, β. Daneben erscheint anschließend an B welches sich in Ueberschriften erhält, auch ϐ

Weit häufiger ist die ganz abweichende Form u welche sich wohl nur aus der Lateinischen durch die Aussprache = v erklären läßt. Sie findet sich schon in Cursiv sec. II u. VII und ist in der Minuskel überaus häufig.

Γ.

ist in der Uncialschrift, z. B. dem Bank. Homer, leicht mit T zu verwechseln, nähert sich aber auch dem Π so in der Legende S. Georgii: Γ; koptisch Τ. Die ursprüngliche Form bleibt immer im Gebrauch nur klein, groß, gerade, geneigt: Γ, Γ, Γ, Γ, Γ, auch getrennt: Γ. In der Cursivschrift bekommt es durch die Verbindung mit dem vorhergehenden Buchstaben einen neuen Ansatz: γ, γ, in Verbindung: … = αγιον. Im Brief des Constantin. γ, γ, und mit α: … Diese und ähnliche Formen sind in der Minuskel häufig, manchmal sehr klein, und dadurch undeutlich, besonders wenn sie nicht, wie gewöhnlich, unter die Zeile reichen, z. B. … = ἄγγελος. Sehr häufig ist doppeltes Gamma: … mit α: … γίγ wird abgekürzt … Sehr häufig ist die Abkürzung … für γράφεται, γέγραπται und ähnliche Wörter, zuweilen mit Bezeichnung der Endung … = γράφεται … = γράφον.

Δ

Gewöhnlich ist eine der Linien verlängert, oder auch mehrere; auch werden sie sich: Δ, Δ, Δ, Δ, Δ, Δ, Δ, und ganz ähnlich koptisch Δ. Völlig abweichende Formen: ◊, ◊, ◊, stellt Montfaucon p. 222 aus einem von lat. Hand geschriebenen Cod. saec. VII. in Bologna mit, und bemerkt daß ähnliche auch in andern von Lateinern geschriebenen Handschriften vorkommen. In einer andern Handschrift saec. VI. findet sich Δ, und bald wird das herrschende [illegible] Δ, Δ, Δ, dieser kyrillisch Δ. In der Minuskel überragt gewöhnlich die obere Linie: Δ, Δ, Δ, Δ, aber neben dieser Form erscheint die andere aus der Cursive genommen. In dieser finden wir schon sehr früh eine zunehmende Abrundung der Ecken: ∂, ∂, auch ∂, ∂, so daß man es mit α verwechseln müßte, wenn nicht derselbe Schreiber für α andere Formen gebrauchte. z. B. [Formen] adp (137 p. C.) 607 p. C. finden sich neben δε, δε = δε, auch schon die Formen ∂, ∂, ∂. Im Constantius Brief ist die spätere Form vollständig fertig:

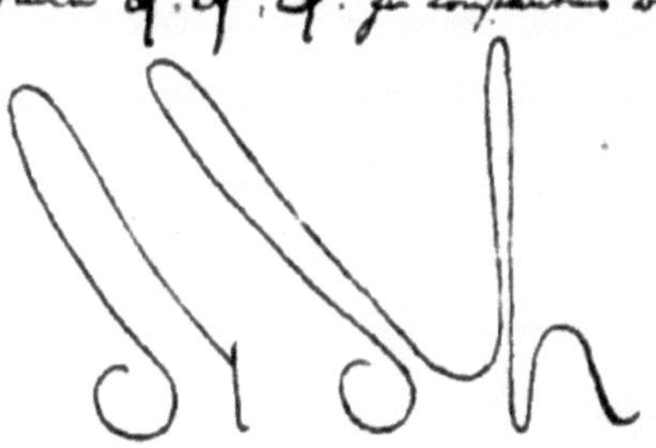

= δι, δη. In der Minuskel geht anfangs der zweite Schenkel immer bis auf die Zeile: δι, δη, δο, δο, δω. Der oder doch zum nächsten Buchstaben: δε, und ist der Buchstabe zuweilen sehr winzig: δο, δο.

daß wieder eine Verwechselung mit α leicht wird; s. Schrifttafeln 12. Daneben kommt in jüngeren Handschriften δ auf. Δε wird auch geschrieben [illegible] und [illegible], z. B. [illegible] = δίκαιος. [illegible] ist διά, mit dem Artikel [illegible]. Stenographischen Zeichen entnommen ist die Abkürzung für δι: [illegible], [illegible], [illegible], [illegible], später gewöhnlich abgerundet: [illegible], [illegible].

E.

Diese Form findet sich nicht geschrieben, sondern nur die runde, welche nach Augustus auch in Inschriften häufig vorkommt. Bald ist es ein voller offener Kreis, bald schmal mit längerem oder kürzerem Zuge, ohne daß hierin ein Merkmal des Alters läge; denn schon die ältesten Fragmente haben ϵ ϵ, Hyperides ϵ, c, ϵ, während die Bern. Ilias die Kreisform fast rein bewahrt ϵ. Legenda S. Georgii: ϵ. Späte Uncialschrift ϵ, ϵ.

Die Form ϵ bleibt auch in der Minuskel, und wird, wie noch jetzt, auch ε geschrieben, anfangs selten, vom 13. Jahrh. an mehr und mehr herrschend, oft auch groß und die anderen Buchstaben überragend: [illegible] [illegible] = ἵνα καὶ (saec. XIV).

Dieser Buchstabe, welcher so häufig vorkommt, ist in den mannigfaltigsten Formen variirt worden. Die Hauptform der alten Minuskel ist ϵ, welche sich leicht verbindet, z. B. περ, [illegible] = ἐάν, [illegible] = ἀπεὶ. In sehr alter Cursivschrift findet sich schon ε, und daraus erklären sich verschiedene Formen; in immer der untere Theil mit anderen Buchstaben in Verbindung gebracht ist, wie ... = πρ, μετ^ὰ = μετὰ, ... = δε. Auch stammt wohl daher die Abkürzung ʻ für εν. Dieser obere Theil wird aber auch rund, ε, und oft entfernen sich beide Theile ganz weit von einander: ν, μεν = μεν, auch μεν; später wird daraus der immer mehr überhand nehmende Zug usw. ἐν = ἐν (saec. X) ελ = ελ. μέλλειν = μελλειν (a. 1006). ἐνο = ἐνο. ... = εν. πεν = πεν. Im Brief des Kaisers Constantin findet sich

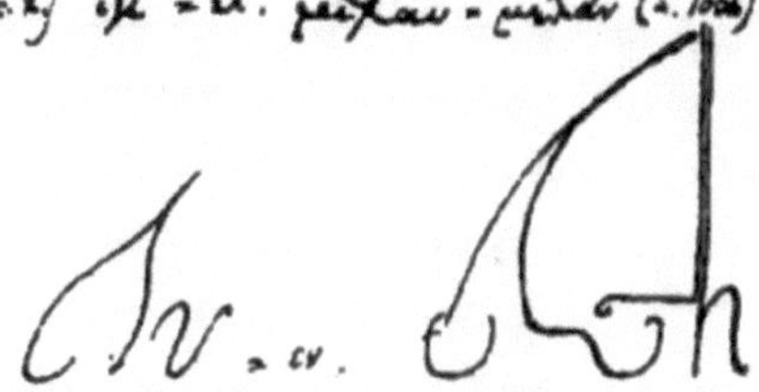

= εν. = εση. Daran erinnert das in der Minuskel häufige ... , ... für εν.

Sehr häufig schrumpft ε zusammen zu einem kleinen Häkchen, welches irgendwo oben oder unten an einen andern Buchstaben sitzt: γεγ... = γεγραπται. μ... = μεγάλη. ϵ, α = εν. χ = εχ. λ = ελ. σ = εσ. β = εβ. ψ = εψ. πε = περ.

Mit ι verbindet sich ε schon in Uncialschrift zu Ϛ, in Minuskel zu ϛ. ϥ. ϥ. ϥ. ϛ. ϥ. ϥ. α und ähnlichen Formen, die zuweilen einem α ähnlich werden.

Conventionelle Abkürzungen sind für:

ειν = ʹ, ʺ, z. B. ... = ...ειν. ἔχ = ἔχειν. -π = -πειν.

εν = ʟ, ʻ, später ʻ, ʻ, z. B. ἐνταῦθα = ἐνταῦθα, ἔχομεν = ἔχομεν (a. 1009). ἐποίησ = ἐποίησεν. οὐδ = οὐδέν.

ερ – ƀ, πƀ = ɦ = περ. σημαίνονται = σημαίνονται. ἐνεργείας = ἐνεργείας. συνυπάρχεται = συνυπάρχεται.

ες – Ɔ, τɔ = τ = τες, auch später τ̇ (vgl. T). πρεσβύτης = πρεσβύτης. δ̈ = δις. auch *, ἀνδρόμαχος = ἀνδρόμαχος.

ἐστιν schon in Vell. Herc. S. im Fragm. math. ⨯, später ⨯, ƒ, ×, ẍ, ϰ̆, 'ɔ̈'. ῖτ. = εἰσι.

F.

Für den Bau hat sich, außer den Steinschriften, nur als Zahlzeichen, ἐπίσημον, erhalten, in veränderter Gestalt. In dem von Letronne publicirten Mietbrief von 146 a. C. finden wir als 6 : ⊂, in der Bank. Herm.: ‹⊂›. Diese Form führte zur Verwechselung mit ς, ϛ (Stigma) welche in Minuskel von Anfang an gleichmäßig sowohl für στ wie für 6 gebraucht wurde. In Diocletians Edict de pretiis rerum venalium: ς, und ähnlich in Inschr. ς̄, ς̄ a. 880 ϛ̄, 899: ϛ̄, 972: ͵ς in Unterschriften von Codices für 6000. Von 1007 hat Silvestre: ϛ̄. Pal. 28: von 1040 hat ς̄ und ϛ̄. In einem griechischen Alphabet saec. IX. in den Mittheilungen der Züricher Antiq. Ges. VI, 31: episimon ς, und ähnlich im Cod. Harl. 3222 f. 64' ς̈ episimon. In Unterschriften bei Sabas 99: ἔτει ςυϟη (ἔτει 6498). 1006: ϛ. 1086 ϛ und so auch ferner; 1297: ϛτ.

Z.

Schon in der Uncialschrift biegen und runden sich bald die Linien Z. Z. Z. Z. Später sinkt es unter die Zeile: Z. Z. Z. Ähnlich auch in Cursive: ζ, und in Minuskel mannigfaltig modificirt: Z. Z. Z. Z. ζ. ʒ. ʒ. ζ. ζ. Eine gewisse Hauptform zeigt auch Constantins Brief: ʒ (sehr gross) Sie entspricht in der Minuskel:

ʒ. ʒ. ʒ. ʒ. ʒ. ʒ.

Das in Randglossen häufige ζητει wird abgekürzt: ʒ. ζ. ζ. ζ.

H.

Diese Form erhielt sich fortwährend, auch in der Minuskel, und ging auch in die alten Drucke über. Andererseits findet sich schon in der Bart. Hiss auch H. H. und sogar H. Diesen entspricht in später Cursive H, und in der Minuskel H, η, auch h. h. h. In sehr alter Uncialschrift sind die Striche auch gerundet: H, H, H. Auch wird der erste Strich verlängert; schon der Cursive der Bart. Hiss schreibt h, im Hyper. H, in Cursive h, h, h, im Ausschluss h… = ηπυ; Herculan. kommt H vor, in später Cursive h. Daran schliessen sich die Minuskelformen h, h, h, h. Aus dem prosodischen Gebrauch stammt die Form ⊦, die sich schon in den mess. Fragment bei Ma. findet: T⊦ = τῆς. Sie kommt in älterer Minuskel nicht selten für ην vor: …, …, …, … Vorzüglich aber finden wir sie viel als Abkürzung für z. B. [illegible], auch über andern Consonanten, und in einer wunderlichen Form, in neueren Handschriften [illegible]

ηρ wird abgekürzt [illegible] : [illegible] = ληρ, [illegible] = μηρ, [illegible] = κηρ.

Ein eigenthümliches Zeichen ist [illegible] = ἥλιος = χρυσός

ἡμέρα wird abgekürzt: C', auch [illegible] und [illegible]

Θ

Diese Form findet sich in ältester Uncialschrift, aber auch schon daneben θ. Herc. Bank. θ, Vat. Ber. [illegible], Hyper. [illegible] und später [illegible]. Diese Form erhält sich auch in der Minuskel, und überragt, wie zuweilen auch schon in Uncialschrift, häufig die andern Buchstaben, z. B. [illegible] = τοθε. [illegible]. [illegible] In alter Cursive ist die Form wenig verschieden. [illegible] = θι, [illegible], [illegible] = θεοῦ. In Constantins Brief sehen wir deutlich den Uebergang zu der jetzt gewöhnlichen Form: [illegible] = νθρ, [illegible] : θε. In der Minuskel ist θ anfangs selten, später viel häufiger, z. B. καθε, [illegible] = θε. Undeutlich wird es zuweilen in Verbindungen: [illegible] = χθ, [illegible] = θυ, [illegible] = θρ.

I

In Cursive und Minuskel kommt es in sehr verschiedener Grösse vor. Außerdem verbindet es sich gern mit andern Buchstaben, wo dann oft nur ein kleiner Haken übrig bleibt, so [illegible] ει, [illegible] σι, [illegible] τι, [illegible] νι, [illegible] αι, [illegible] μι, [illegible] = μι. Die in der Minuskel besonders häufigen Verbindungen mit ι, μ, ε, α etc. siehe oben. Mit ι bildet es [illegible] und [illegible]

Das ι subscriptum steht entweder gleich gross neben den andern Buchstaben, oder fehlt ganz, doch ist schon im syrischen Palimpsest der Ilias ein schwebendes oben klein nachgetragen: Ḣ. Im 10. Jahrh. kommt es übergeschrieben vor: ὢ, dann vom 11. oder 12. an, zuerst sehr selten, später häufiger, untergeschrieben (ὑποκάτω γραφόμενον, s. Göttling ad Theodos. gramm. p. 241). Doch fehlt es auch in jüngeren Handschriften oft ganz.

Schon in ältester Uncialschrift findet sich Iota bald selten, bald häufiger, auch mit 2 Punkten versehen, deren Stelle zuweilen auch ein Strich vertritt, wie im syr. Palimpsest der Ilias; sie sind nicht diäretisch, wenn sie auch häufiger da vorkommen, wo ι zwischen Vocalen steht: ΔΕΪΕΡΕΥϹ; gothisch entspricht Ï. In der Minuskel ist es häufig, z. B. ποϊῶ. μϊ, ἁγί = ἁγίων, διηκριβωμένως = διηκριβωμένως. Im 15. Jahrh. kommt auch ï vor. Oft müssen die Punkte allein das ι vertreten: ἐν̈ = ἐνί, ὅ̈ = ὅτι.

¨ und ˀ bedeutet ει und wird über den vorhergehenden Buchstaben gesetzt: ὑμ̈ = ὑμεῖν. Dazwischen kann auch ein Buchstabe ausfallen. φη̈ = φησίν. Dasselbe Zeichen steht auch in ἐ̈ = ἐστιν.

ˀ bedeutet auch ει, wie γε: μάλ'τα, ..., wird aber auch durch die Punkte ¨ unterschieden, wie ¨ von ˆ; später tritt an die Stelle ~, ~ d. i. ιε.

Eigenthümlich sind die Zeichen für Indiction, ἰνδικτιῶν: ἰ. ἰν̂, ἰν̃ und ἰν̈.

K.

In Uncialschrift K, K, K, K, K, K; im Papyr K, aber auch K, KAI = καί. In Minuskel ganz ähnlich: κ, κ, κ, κ, κ, κ, κ. In der Cursive ist gewöhnlich der Keilenstrich länger K. KAI = καί; K, aber auch verbunden κ, κ, κ, a. 607: κ, κ, κ, κ.

In Constantins Brief:  = καί

Daran knüpfen sich die Minuskelformen κ, κ, κ, κ, κ, wovon die letzte vorzugsweise zu Abkürzungen verwandt wird, wenn auch oft sehr verzogen, vorzüglich oft bei der Endung ικός. ... ποιμενικ, wo der Zusammenhang die Endung ergeben muß. In ἰλλυρ = ἰλλυρικὸν lassen sich alle Elemente erkennen, ebenso in τὸ πειρατ = τὸ πειρατικόν. Einige leicht zu ergänzende Buchstaben fehlen in ἐκ λοιμ κ... = ἐκ λοιμικῆς καταστάσεως, in der ungleichmäßigen Schreibart des 11 Jahrhunderts. Ganz analog vertritt auch ζ die ganze Endung τικός. ε steht auch allein für κατά, welches auch abgekürzt wird: K, κ, κτ, κα, κτ. Ἀριστοκρατ heißt κατ' Ἀριστοκράτους. In ähnlicher Weise vertritt ... die Endung κοντ.. ...ος könnte nur für κότος. Besonders häufig wird καί abgekürzt: κ, κ, κ, κ, κ, κ, κ, aber auch nur ς, ς̂, ς̀, ς', ς̈ und in anderen sehr wechselnden Gestalten; in jüngeren Handschriften [abbr.], [abbr.]. Es hängt sich auch an andere Worte: οὐ καὶ = οὐ καί, δὴ = δὴ καί, und sogar an abgekürzte: [abbr.] = ὑγιάδος καί, [abbr.] = πυξίδος καί.

Λ.

Diese Normalform kommt einzeln zu allen Zeiten vor. Der Irländer Sedulius schreibt im 9. Jahrhundert: CΗΔΥΛΙΟC · CΚΟΤΤΟC · ἔγραψα · sonst: λ, λ. In der Regel überragt schon in ältester Zeit der zweite Strich: λ, λ, λ, λ, Evg. S. Georgii ὅλα = ὅλα. Zuweilen sinkt es ganz unter die Zeile: ὅλως, ὕλην. Natürlich schreibt man es oft mit einem Federstrich, so in jüngeren Listen: λ, λ, im Brief des Constantin λ, und ähnlich in der Minuskel: λ, λ, λ, manchmal durch Kleinheit undeutlich: λ, λ, ἀγγέλου = ἀγγέλου, ἔλεγον = ἔλεγον, ἄλλο = ἄλλο, ἀλλ = ἀλλ', ἀλλὰ = ἀλλά. Eigentümlich geformt ist λλο, μι, τέλο, λλ für λλ. In Verbindung mit ι erscheint: πλ = πλ. μᾶλλον = μᾶλλον. Die Scholia Platon mit ihrer eigentümlichen Uncialschrift haben λ, λ, λ, λ, und da ist es oft von π nicht zu unterscheiden. Bei Abkürzungen geht der eine Schenkel ganz verloren, z. B. μᾶλ = μᾶλλα, ἁμαρτωλοῦ = ἁμαρτωλοῦ, βασιλ für alle Casus von βασιλεύς. Δηλ steht für δῆλον, δηλονότι, δηλωτικός.

λ ist λεγ.., λογ.. z. B. λέγ = λέγεται, λογ = λόγον, λογ = λόγοις. Dagegen kann λ. λαός, λ. λαβὼν bedeuten; bei solchen Abkürzungen ist der Zusammenhang und die Ge-

ergänzt der Schreiber zu lesen; sicher sind nur die wirklich ausgedrückten Elemente.

M.

Es finden sich in Uncialschrift die Formen M, Μ, M, M, M daneben aber, vorzüglich auf ägypt. Papyrus, auch die mehr abgerundeten: …, …, …, M, …, …, …, M; byzantinisch … Im Abendland findet sich oft …, Langobard. schreibt … Auch in der Minuskel hält sich die Form … neben der jüngeren mit heruntergezogenem ersten Schenkel. In jüngerer Cursive finden wir schon μ. μάρκος = μαρκ… in Constantius Brief … Daran schließen sich die Minuskelformen μ, μ, μ, μ, μ.

Schon in der alten Cursive wird die Endung μενος durch alle Casus abgekürzt … In der Minuskel ähnlich …, doch wird gewöhnlich die Endung bezeichnet, so μέν μενος, … μενον, … μενοι, … μένων, … μένους, … μένης. Ebenso wird die Endung μετα gegeben durch …, aber auch durch … oder … für alle Casus. μετ … μαρ … μου … μην … μοι.

Ganz conventionell ist die Sigle … für μοναχός.

N.

Diese Grundform erhält sich durch alle Zeit. Stark verzogen ist sie noch zu erkennen in den häufigen Verbindungen [illegible] = γν und [illegible] = νν; [illegible] = γεν, [illegible] = δεν, [illegible] = μενων.

Herabziehung der ersten Mittellinie kommt in der späteren Cursive vor: z. B. [illegible] woraus in der Minuskel die gewöhnlichen Formen entstehen: [illegible], welche bald dem μ ähnlich werden: μ, bald dem ρ: ρ. Die verkürzte Form ν ist nach Montfaucon schon vom 9. Jahrh. an im Gebrauch, doch erscheint sie bis ins 12. selten. Später wird sie oft dem γ ähnlich: γ, γ, γ. Es ist mir zweifelhaft, ob sie vor dem 12. oder 13. Jahrh. nachweisbar ist.

Schon in der ältesten Zeit wird ν am Ende der Zeile durch einen Strich ersetzt: ΛΥΤΟ‾ und das erhält sich in älterer Minuskel, verschwindet aber später, wogegen viele andere Abkürzungen eintreten, für αν – [illegible], εν – [illegible], εν – [illegible], ην – [illegible], ιν – [illegible], ον – [illegible], ουν – [illegible], ους – [illegible], ων – [illegible], s. darüber die betreffenden Buchstaben.

Die Form И, welche ins Russische überging, ist vorgebildet in den Cursivformen [illegible].

In Minuskel findet sich hie und wieder И, häufiger in Abkürzungen [illegible] = νη, [illegible] = εἶναι, οὐρανῶ͡ = οὐρανῶν, πλάττον = πλάτος, mit ungewöhnlicher Verkürzung.

Ξ

Ein vielförmiger Buchstabe, dessen reine Form sich jetzt in alter Uncialschrift und Cursive nachweisen lässt, in Herculan. Rollen schon [illegible], Hl. Denk. Ξ, Sinai-Handschr. Ξ; Papyr. Ξ und Ʒ; ferner Ξ, Ξ, Ʒ, Ξ, Ξ, Ξ. Daneben die zweitheilige Form [illegible]. In Cursive sec. II. u. 6

findet sich Ξ, Ξ, Ξ[illegible] = ξα; a. 607 p. C. ξ, in Constantins Brief ξ.
In der Minuskel hat sich keine bestimmte Form festgesetzt; es kommen vor: ξ, ξ, ξ, ξ, ξ und mit ε verbunden: εξ, εξ, εξ, εξ, εξ, εξ, εξ, εξ.
Formen ξ, ξ, ξ, ξ, ξ, ξ, ξ, ξ, ξ, ξ, ξ u. s. w.

O.

In Uncialschrift ist es oft, vorzüglich in jüngeren Handschriften, länglich: O, zuweilen rautenförmig ◊, saec. VIII oder IX, aber auch schon der Corrector der [illegible]. Ilias schreibt [illegible] = ὄρος; daneben [illegible] = ποδίου. In Cursiv selbst ist es kreisrund. Auffallend klein im Verhältniss zu andern Buchstaben ist es oft in Cursivschrift, z. B. προς = πρὸς, ου = ου, die Ligatur ȣ ist schon sehr alt; in Cursiven finden wir sehr früh ο̈; [illegible]: ΑΥΤΟ, [illegible] ȣ, und in der Minuskel von Anfang an ȣ, ȣ, ȣ; [illegible] = χου in Pal. 281. [illegible] = τοῦ. Es wird aber auch ˘ allein für ου gesetzt: [illegible] = ἰχθου. Pal. 281. [illegible] = τοῦ, [illegible] häufig in Fragm. math. bei Mai; [illegible] des Zeichens [illegible] auch andere: [illegible] = ὑπακούοντων. Häufig verbindet sich o auch mit andern Buchstaben: [illegible], [illegible], [illegible], [illegible] = λογον.
In Abkürzungen wird die Endung ος übergeschrieben [illegible], [illegible], [illegible], [illegible]
[illegible]: [illegible], [illegible], [illegible], [illegible]; [illegible] einmal auf Schriftprobe 2 aus Pal. 281. a. 1040.

ον: [illegible], [illegible], [illegible], Λ = γον, [illegible] = ὕπον, [illegible] = μενον, [illegible] = ἔμελλον, [illegible] = διον. In anderen Handschriften auch [illegible], [illegible].

ος: [illegible], [illegible] = μοι. [illegible] = ὅσιοι. Zuweilen steht [illegible] auch für ον. Erst sehr spät erscheint [illegible].

ους: [illegible], [illegible] = τους. Etwas abweichend λόγ[illegible] für λόγους.

ὅτι: [illegible], [illegible], [illegible], [illegible], [illegible] .. οὔτι: [illegible] .. οὕτως: [illegible], [illegible], [illegible], [illegible].

ὁμοῦ: [illegible], auch [illegible], wenn nicht letzteres ὅμως ist. Solche Zeichen muß man in den Handschriften, in welchen sie vorkommen, beobachten, und nach dem Zusammenhang und öfterem Vorkommen deuten. Walz will auch [illegible] für ὁμοίως gefunden haben.

Häufiger ist für οὖν: [illegible], [illegible]; κατα[illegible] = κατασούντες. Selten übergeschrieben: [illegible] = ἤγουν. [illegible], St. [illegible], ist ὄνομα, auch [illegible] kommt vor.

Π.

Π und π bleiben von Anfang bis zu Ende im Gebrauch; in der Minuskel häufig mit gewundenem Striche: π, [illegible] = πρ. In alter Cursive und Uncialschrift auch π. In der Cursive kreuzen sich oft die Striche: π, [illegible], [illegible] = πι, später auch [illegible], [illegible], [illegible]. Im Briefe des Constantin finden wir neben Π auch ϖ und ϖ, entsprechend der sehr häufigen Minuskelform ϖ, ϖ. Verbindungen mit ε s. oben bei Ε; [illegible] ist ἐπ' ἐμὲ. Für ππ kommt einmal [illegible] vor, häufig für ππ: [illegible] und [illegible], für σπ: [illegible]; [illegible] = [illegible] = ὥσπερ.

παρα wird abgekürzt π̄, ... z. B. παρὰ ... παρὰ τὸ ... παρὰ τὴν, ... παρὰ τῶν, ... παρὰ τοῖς, ... παρὰ τοῦτο u. s. w.

περι – π, περὶ – ... ; τῶν ... – Die verschiedenen derartigen Abkürzungen kommen natürlich nur vor, wo der Zusammenhang auf das richtige Verständniß führt.

προς ist ... schon in alter Uncialschrift, dann ...; beides aber kann auch προ heißen. Außerdem finden sich für προς Zeichen wie Ζ Ɛ, Ƶ ξ. ζ, ganz gleichgestaltet mit denen für κατα.

ττ ist selten, meist aus σσ entstanden. πρ̄ πρεσβυτερος, dagegen ... πρεσβει.

ϙ.

Koppa, nur auf Münzen vorkommend und als Zahlzeichen für 90, jetzt ϟ.

Im Sinait. ϙ. ϙ̄δ = 94. ϙ̄ε 90

Im Reg. 1107: ϙ̄   Im Pal. 281: ρϙβ = 192

In dem Alphabet saec. IX. (Mittheilungen der Antiq. Ges. VII, 31) abweichend Kopha ...

bei Sabas a. 990 ... = ἔτους 6498   a. 1086 ... = ἔτους 6594.

a. 1289: ... = 6797   1387: ... = 6895

P.

Schon in der ältesten Uncialschrift reicht es unter die Zeile, doch im N. Test. nur bei dem Corrector ρ. Sinait. ρ. Fragm. Matth. ρ. Im Eusebius 146 a. C. ΚΡΙΚΟΝ ... = κρίκον σιδηροῦν.

Zuweilen steht es in der Minuskel noch auf der Zeile, besonders in Verbindung mit anderen Buchstaben: ϱ, παρα, αρχ. Undeutlich wird es durch Kleinheit des Kopfes ρ, und durch die Öffnung der Rundung, so daß es von ρ nicht zu unterscheiden ist: ρ. ρ. In Verbindung mit anderen Buchstaben kommt es vor im Brief des Constantin: [υωρ] = υωρ. [χρ], mit ι:

und ähnlich in Minuskel z. B. [ρ] [ρ] für ερ

[ρ] ist Abkürzung für υπερ.

Am Anfang eines Wortes wird ρ häufig aspirirt: ῥ; das doppelte aber nach Bast in alten Handschriften nie, so daß es wohl späterer Zusatz ist, wenn wir bei Wilken aus Reg. 1807 ῤῥ finden. Nach Bast p. 788 findet sich in alten Handschriften sehr häufig ρ statt α.

Leicht zu verwechseln ist das Abkürzungszeichen, welches in den ältesten Minuskel-Handschriften ganz wie ρ aussieht: μρ = μόνον, μρ = μεν.

Σ.

Diese Form hat sich bis jetzt handschriftlich nicht gefunden, sondern nur die auch in späteren Inschriften häufige Form C oft länglich ς, ς. Auch in Minuskel bleibt c, auch [cv] = σων. In Cursiv besteht es gewöhnlich aus 2 Strichen: C, C, CT = στ. Daran erinnert ς, ς, welches im 15. Jahrh. in s übergeht. Andererseits werden die beiden Elemente (und ‾ sehr verschieden combinirt. Im Constantinbrief finden wir schon σ, σ, aber auch daneben

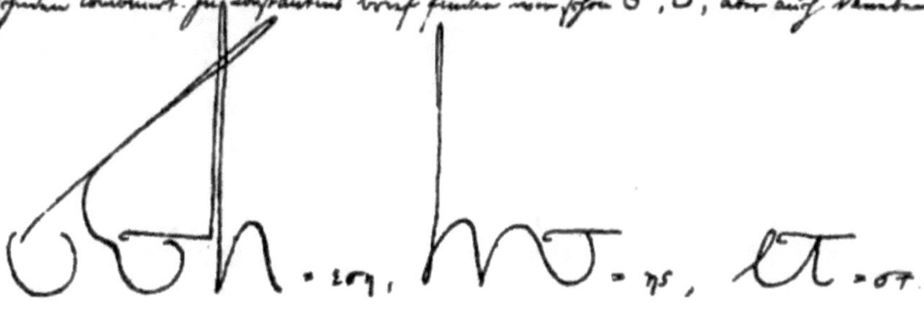

In Minuskel σ, σ, σ, σ, σ, σ. σσ wird gewöhnlich verbunden zu σσ, σσ; τῆς συντάξεως = τῆς συντάξεως. ποσα = ποσα. Überhaupt macht die Verbindung mit andern Buchstaben das σ oft undeutlich: ἴστιν = ἴστιν, στήρ = στήρ, ἴστι = ἴστι, σι = σι, τις = τις, δεσπότης = δεσπότης. In einer Handschrift saec. IX. wird es ganz wunderlich: ἐπίστη = ἐπίστη. Am häufigsten ist die Zusammenziehung mit τ zu στ, στ, στ, στ, στ; ἴστι = ἴστι. Von στ war der Übergang leicht zu der, in Minuskel von Anfang an gebräuchlichen Form στι, στι, auch ς, ς, ςϊ; συστη = συστη.

T.

Schon in Uncialhandschriften überragt es häufig die übrigen Buchstaben: ΤΩΝ = τῶν, ΝΤΑ = ντα. So auch zuweilen in Minuskel, z. B. saec. X: παρατόρτων, wo es in demselben Wort 3 verschiedene Gestalten hat. Oft verändert es sich etwas im Anschluß an andere Buchstaben, z. B. ἑτέρου = ἑτέρου, στη = στη, ετι = ετι, το = το, αὐτάς = αὐτάς, ατι = ατι, τι = τι, τῷ = τῷ. In der alten Kursivschrift wird τ so geschrieben: T, auch T, und da nimmt es im flüchtigen Schreiben ganz die Gestalt von υ oder γ an: Υ, Υ, Υ. Davon finden sich die Spuren in der Minuskel besonders bei ττ: ττι = ττι, ναυττιῶν = ναυττιῶν, ἡττᾶσθαι = ἡττᾶσθαι, ἐφύλαττον = ἐφύλαττον.

γλώττης = γλώττη, und auch sonst τ, τ. Dieses ' am Anfang ist eine in verschiedenen alten Handschriften vorkommende Mode ohne Bedeutung. Für ττ: [illegible], τῶ: [illegible].

Schon in der alten Uncialschrift ist der Querstrich oft sehr kurz: T und in Cursiven finden wir 7, bezüglich T. Daran schließt sich die häufige Minuskelform 7, [illegible] = πτιν; auch [illegible] = τοῦτο. Zuweilen wird der Querstrich noch kürzer, so daß [illegible], τι, dem κ und η ganz gleich ist.

Die Artikel und mit τ anfangenden Endungen werden sehr oft abgekürzt; für τα wird τ, τ, auch nur τ, übergeschrieben: χρήματα = χρήματα; etwas anders [illegible] für -ματα. Ein übergeschriebenes τ kann aber auch andere Endungen und jeden Casus des Artikels vertreten, besonders über Präpositionen. Besondere conventionelle Abkürzungen sind für ται – [illegible], [illegible] (vgl. [illegible]); ταις – [illegible], [illegible], ταῖς – [illegible]; τὰν – [illegible], τῆς – [illegible], [illegible], τὰς – [illegible]; τατος – [illegible] (auch für τηρ.), [illegible]; τεν – [illegible]; τι – τι, [illegible], τ z. B. ὅτι, πό, πρότερ = πρότερον; τεις – [illegible] (auch θεῖς = θεῖς); τερ – [illegible], τερ – τε, [illegible]; τερ(ον) [illegible], πρότερον = πρότερον; της – [illegible], [illegible], [illegible], [illegible], [illegible], auch [illegible], z. B. τοσ = τοσαύτης, ὄντ = ὄντης, mit anderen Modificationen des Strichs; την – [illegible]; τήριον – [illegible]; της – [illegible]; ητατη, auch für alle Casus [illegible]; τι – [illegible], ὅτι – [illegible], τικός – [illegible], vgl. unter κ; τιν – [illegible]; τις – [illegible]; τον – [illegible], του – [illegible], später [illegible]; τοι – [illegible], später [illegible]; τοῦ – [illegible]; τους – [illegible]; τα – [illegible]; των – [illegible], [illegible], auch [illegible], was aber gewöhnlich τῶν ist; δίττων – [illegible]; τως – [illegible].

Diese Zusammenstellung macht natürlich nicht den Anspruch, erschöpfend zu sein; die meisten Endungen sind auch unter ihren Anfangsbuchstaben behandelt.

Υ

Hin und wieder erscheint Υ wie Ι mit 2 Punkten: Ϋ, Ϋ, ohne bestimmte Regel, doch besonders am Anfang; zuweilen, wie im Ven. Palimpsest der Ilias, auch Ϋ. Sehr früh senkt es unter die Zeile ΫΠΟ, Υ, auch schon in alter Uncialschrift ν, ν, ꙋ. Aus dieser, im Cursiv auch schon abgerundeten Form geht υ in die Minuskel über; ʏ bleibt daneben, aber viel seltener.

Auch kommt in Cursiv und alter Minuskel ᴜ vor, welches später nur in Verbindungen bleibt, mit υ: ω, wie ι: ιι. Andererseits verkürzt es sich durch Anlehnung an ε: ꞷ = υς, [illegible] = υς, und anders geformt λύγαρ = λύγων. Auch ᴠ kommt in Cursiv und alter Minuskel für υ vor. Ueber ὁ, ȣ, ᾿ bei Ο.

ὑπό wird geschrieben ΫΠϐ, ὑπ̀, [illegible], ῢ, ῢ, ὑχ, χ̂, ϛ; ὑπὸ, ῡ, ὑψ̀, ὕδωρ ῢχ

Φ

Der senkrechte Strich geht in der Regel bedeutend über und unter die Zeile, doch liegt in der ältesten Uncialschrift in der Regel der Rund noch nicht auf der Zeile, doch freilich schon H. Bank. ΟΦΘ, Πυρ ΝΦ, sonst aber auch Φ; Vocal Φ Φ. In späterer Calligraphie wird es auch eckig: Φ, Φ. Der Corrector der H. Bank schreibt ϕ ganz wie ψ, und kommt es auch in Cursive vor. In Minuskel finden wir φ, weit häufiger aber φ, wie schon im Cyrill. Brief; in Verbindungen ωφ, εφ. Oft ist es deshalb verwechselt mit φ, φ = ψρ; dieses ψ ist sehr jung

Eine häufige Abkürzung ist φ. φ = φησί, φ. φ = φησὶν und φασί, ΦΠ, φ = φησίν.

X.

Immer mehr oder weniger abgerundet, steht es in alter Cursive und späterer Uncialschrift unter der Zeile: χοτ = χοτ, χο. In Minuskel kommt vor χα, aber häufiger ἔχει, und mehr verbunden ἔχο. χ = χ, χ. Zuweilen werden die beiden Striche unten verbunden, wo die Verwechslung mit δ nahe liegt: χ. χ. χ.

χ ist χρόνος und χρόνοι, χ χαρί, χω χωρίς.

Ψ.

In sehr alter Cursive ψ, Vol. Hercul. ψ, in jüngerer Uncialschrift ψ. ψ. ψ, Min. ψ, ἔψα = ἔψα, ψιν = ψιν. Daneben aber sehr alt †, †ω. So in der H. Bancks. und im Syr. ψε neben ψ. Im Kaufbrief vom 10 Juni 146 a. C. λήψεται = λήψεται. Fragm. math. bei Mai: ΠΟΛΥΨΑΙ. Später †, †, und in alter Minuskel αψα = αψα, ἔλαμψεν = ἔλαμψεν; ψε.

Eine dritte in Uncialschrift häufige Form ist ψ, ψ. ΕΨΑ, so im Sinait. ψ, H. Ambr. ψ.

Ω

Diese Form kommt in Handschriften nicht vor, und wird auch in Inschriften nach Augustus verdrängt durch ω. Ursprünglich ist es wohl aus 2 o entstanden, und hat auch in alter Minuskel zuweilen die Gestalt zweier leicht verbundener o. ω. ω. ω. ω für ω

In der späteren schrägen Kapitalschrift kommt auch W vor. In der Minuskel wird es geschrieben ω, ω, ω; daneben auch aber so oft ∞, welche Form sich schon in Constantins Brief findet: ∞, ∞ ∞, ∞, ∞. In alter Minuskel bedeutet übergeschriebenes ~ auch ω, z. B. im Pal. 281 [illegible] = τῷ; später steht es oft für ων, dessen Zeichen sonst ^, ~ ist. So schon in Fragm. math. bei Mai: τῶ, später [illegible]; μ~ = μένων, κο͡ν = κόνων, φορ͡ = φορῶν, γρ = γράφων u.s.w. Im Fragm. math. kommt vor ω für ως, und in alter Minuskel ῶ, auch als Endung übergeschrieben [illegible], etwas später [illegible], z. B. [illegible] = [illegible] = ὥστε; ὥσπ = ὥσπερ, ἁπλ = ἁπλῶς. [illegible] = ευς, und ganz spät [illegible]. Aber auch ∞ steht für ος: ὀξυτόν = ὀξυτόνος

ω, [illegible] bedeutet ὥρα, häufig aber am Rande von Handschriften ὡραῖον – schön. In anderer Verbindung kann es auch für Ὠριγένης stehen.

ϡ

Sampi; Zahlzeichen für 900. In einem Papyrus von 200 a. C. findet sich ϡ und in den lat. Ann. Sangall. von 956: [illegible], ω ϡ für 700, 800, 900. Ähnlich in der Formata saec. IX. in B. Pez Thes. Anecd. VI, 86: [illegible], und so in verschiedenen Alphabeten, und gothisch, s. W. Grimm in Wiener Jahrb. 43, 15. In dem Alphabet der Mittheil. d. Antiq. Ges. VII, 31: ennakore ϡ. a. 1445 bei Sabas: τοῦ [illegible] Ἔτους = τοῦ 6953ου ἔτους; a. 1457 bei Zanetti: ϡ, a. 1470. ϡ.

Abkürzungen in Uncialschrift.

In Handschriften kirchlichen Inhalts werden folgende Worte regelmäßig abgekürzt:

Θ̄C = θεός, Gen. Θ̄Y u. s. w. Ῑ̄C = Ἰησοῦς, Gen. Ī̄Y. X̄C = Χριστός, Gen. X̄Y.

ΑΝ̄ΟC = ἄνθρωπος, Gen. ΑΝ̄ΟΥ. Δ̄ΑΔ = Δαυίδ. Θ̄ΚΟC = θεοτόκος.

ΙΗ̄Λ, auch ΙC̄Λ = Ἰσραήλ. ΙΛ̄ΗΜ = Ἰερουσαλήμ. ΙΩ̄ = Ἰωάννης.

Κ̄C = κύριος, Gen. Κ̄Y u. s. w. ΜΗ̄Ρ = μήτηρ, Gen. ΜΡ̄C. ΟῩΝΟC = οὐρανός.

ΠΗ̄Ρ = πάτηρ, Gen. ΠΡ̄C, Plur. ΠΡ̄ΕC, in Zusammensetzungen Π̄Ρ = πατρ, was zu fehlerhaften Lesung Προκλῆς f. Πατροκλῆς, Πρίκιος f. Πατρίκιος Anlaß gegeben hat.

ΠΝ̄Α = πνεῦμα, Gen. ΠΝ̄C. CΗ̄Ρ, Gen. CΡ̄C = σωτήρ, leicht zu verwechseln mit CΤΡΟC, auch CΡ̄ΟC, = σταυρός. ῩC = υἱός, Gen. ῩΥ.

Außerdem kommt überall Ky, K etc. für καί vor, Π für πρός und πρό, und viele Ligaturen wie NH, HN, MH, HM, ΠH, MNH. M, M auch für μου und μοι. In der Wien. Hdschr. steht vor dem Kopf, wo nach einer Rede die Erzählung wieder beginnt, ΠΗ d. i. ποιητής. Ebenfalls hat der Londoner die Ligatur ΝΤΣ = ντες.

Am Schluß der Zeilen werden oft die Buchstaben zusammengedrängt, kleiner geschrieben und übereinander gestellt, auch ¯ für N und zuweilen für andere Abkürzungen angewandt, z. B. ΟΙΝ¯, ω̄, auch Π – τε für ποτε kommt vor.

In dem math. Fragment bei Mai ist ' und ` ein ganz allgemeines Abkürzungszeichen, z. B. steht τ' für τὴν, τον, τος, ΚΕΙΜ' f. κειμένων, ΣΧΗΜ' f. σχήματος, ΑΓ f. ἄγεται. Speciell ist ~ ων, so ν~, τ~, ΠΟΛΛΩΝ ΟΝΤ~ ΦΙΛΟΣΟΦ~. ~ ist ου in τ̄ ΚΕ~ (τοῦ κέντρου). Ν̄ u. a. aber τ̄ ist γάρ ὡς ist ὡς, ~ ἐστι; von Praepositionen διὰ, ἐπὶ, κατὰ, μετὰ, περὶ, ὑπέρ.
Τ' ist τῆς.

In den Herculan. Rollen kommt häufig vor ... für περ, ϗ f. καὶ, ς f. ἐστι, ~ f. τοῦ, dann f. ...
f. χρόνος ... Statt des Apostrophs steht für abgeworfenes α zuweilen ... Eine starke Abkürzung ist ...
νιχ f. ἐλληνίδι am Ende der Zeile.

Von der später gewöhnlichen Art der Abkürzung ist oben schon die Rede gewesen; so heißt z. B. λ' λέγει, τ παι' τῶν παίδων, ... νεκρώσιμον, ... φρονίμων, aber dergleichen Fälle kommen natürlich nur vor, wo der Zusammenhang darauf führt. Der Abkürzungsstrich wird später sehr verlängert: z. B. διδ/ f. διάστοις.

Worttrennung

Um in der Uncialschrift einige Hülfe zur richtigen Trennung und Verbindung der Worte zu geben, finden wir nach Tischendorf in Handschriften des 5. Jahrh. zuerst einzelne Zeichen, wie ὈΧΛΟϹ ὈΦΙϹΩ. Vielleicht dienen diesem Zweck auch die in nicht wenigen der ältesten Handschriften auf den Spirit. vorkommenden Apostrophe nach Eigennamen ungriechischer Form, wie ΑΒΡΑΑΜ' ΙΑΚΩΒ' u. a. Sie finden sich auch bei andern consonantischen Ausgängen wie ΠΥΡ' ΧΕΙΡ'

bei ΑΛΛΪΝΑ [illegible] wirklich a ausgefallen ist; bei [illegible] von ΕΞ ΕΓΚΑΝΑ ΕΚΟΥ [illegible] sind sie in CΥΡΙΓΓΑC CΑΒΒΑΤΑ, und ebenso in H. Bar. ΟΤΙΠ [illegible] wiedergegeben T, wo beide Zeichen von zweiter Hand sind. Auch zwischen zusammenstoßenden Vocalen stehen im Sinait. wie in der H. Ambr. Apostrophe.

Für die [illegible] im älteren Sinne, nämlich als Zeichen um zusammengeschriebene Wörter zu trennen, giebt Bast drei Beispiele: ΟΧΘΡΑΙ ΑΠΟΛΗΤ (?), Εχεγηϊ, πόλιν, [illegible] [illegible], Σειε- νίω: [illegible] [illegible]; [illegible] δὲ κεράτων περὶ τράγον [illegible]

Spiritus und Accente

Die älteren und jüngeren Formen sind schon erwähnt. Daß ⊢ wenigstens so alt ist wie ⊣, zeigt die Bank. Ilias. In den Fragmenten des Louvre finden wir H. N. 163 die eigenthümliche Form:

ϹΧΕΘ' ΑΠΟ ΕΟ ΔΕΙϹΕ ϹΑ (?) σχέθ' ἀπὸ ἕο δεῖσε δὲ θυμῷ (?)
ΔΑΪΦΡΟΝΟϹ ΑΥΤΑΡ ΟΥ (?) ἔγχος Μεμνόνος δαΐφρονος· αὐτὰρ ὅ γ' ἥρως (?)

doch ist das nur eine Verbindung von asper und acutus; die eigentliche Form ist Ȯ und für den lenis H, ΟΤΙ. Ganz selten steht der asper in der Zeile, so als ℓ in der Harris'schen Ilias, und [illegible] ⊢ für ἑ einmal in den Herculan. Rollen. In der H. Ambr. soll nach Mai H, ⊢ und ⊣ vorkommen, er giebt aber keine Beispiele. Die ältere Form des Circumflex ist ⌒ und ^, in jüngeren Handschriften finden wir ˘ für ῞, ⌐ für ῎, ⌒ für ῝, ⌒ für ῟, und andere Verbindungen, s. d. Schrifttafeln. Ueber die doppelten Accente auf μὲν, δὲ, ναὶ, ἂν, ἰοῦ u. a. s. Bast Comment. p. 824. 935.

Interpunktion.

Auch davon ist schon oben die Rede gewesen. Die oft erwähnten Interpunktionsstriche unter der Zeile, in welcher ein Satz endigt, finden sich z. B. in dem Trag. Dialog im Louvre, und bei stärkeren Einschnitten mit einem Haken, so: ΦΡΑΣΑΙ / ΦΑΙΝΟΙΤ ΠΟΥΤΙΩΣΑΠΟ Ein solcher Zwischenraum ist häufig, fehlt aber eben so oft. Im Hyper. Ἐπιτάφιος zeigt ein Strich das Ende der Sätze an: ΑΗΣΙΝ· Α / ΠΟΤΟΥ, in andern nur ein kleiner Zwischenraum. In den Hercul. Rollen Δ/Η Δ/Π ΛΕΩΣ/ΑΠΟ ΦΗΣΙΔΗ. Bei stärkerem Einschnitt findet sich ΣΣΡΟΙ · auch ·/· Einmal finden sich solche Striche, verbunden mit Doppelpunkten am Ende des Satzes, auch in einem Briefe, nämlich dem kalligraphisch geschriebenen des Dionys von c. 160 a. C. im Louvre n. 49. pl. 34. z. B. ΑΠΕΝΕΓΚΕΙΝ : ΟΔΕΦΑΙΝΕΤΑΙΤΗΝ ΗΜΕΡΑΝΕΚΕΙΝΗΝΑΣΧΟΛΗΘΕΙΣΗΣΧΥΝΤΑΙ

d. i. ἀπενεγκεῖν· ὁ δὲ φαίνεται τὴν ἡμέραν ἐκείνην ἀσχοληθεὶς ἤσχυνται.

Im Minuskel steht der Strich vor der Zeile, wie im Pal. 398.

Fragezeichen kommen nach Tischendorf kaum vor dem 8. Jahrh. vor, und auch dann selten. Sie finden sich im Cod. Bodl. Tisch. der Genesis saec. VIII. s. Collectio nova II. Tab. n. 2. u. im Cod. Euthalii saec. VIII. vel IX. (Coll. nova V.) doch nicht immer nur da, wo eine Frage ist. Im Bodl. steht statt ; auch , . Ein Beispiel aus Pal. 153 zeigt Schrifttafel 7.

Anführungszeichen kommen schon in den Hamb. Cod. fragmenten der Paulinischen Briefe saec. IX. vor, in Gestalt eines > vor jeder Zeile, Tisch. Anecd. Tab. II, 1. Im Pal. 398 findet sich ×, ※ oder ⁘, in andern ∼, ʃ, >, immer so, daß das Zeichen sich vor jeder Zeile wiederholt, und der besondere Anfangs- und Endpunkt nicht bezeichnet wird.

Ueber die kritischen Zeichen des Origenes ist jetzt außer Montfaucon p. 188 (Coll. 3084) auch Tischendorf, Coll. nova II p. XV–XVII zu verweisen, mit der Ausgabe der Leidener fragmente des Octateuch.

Ohne Bedeutung, nur zur Wahrung des äußerlichen Gleichmaßes bestimmt, sind die in sehr alten Handschriften häufigen Häkchen >>> zur Füllung der Zeilen, wofür im Vat. Taurin. II auch ※ steht. Zeichen wie 7, ⌐, .: dienen zur Nachtragung ausgelassener Stellen am Rande; ähnliche und andere sehr mannigfaltige verbinden die Scholien mit dem Text. Von dem χιασμός, der Bezeichnung erklärungsbedürftiger Stellen durch χ, giebt das fragment des Alkman ein Beispiel.

Von den verschiedenen Arten, Buchstaben, Wörter und ganze Sätze zu tilgen (διαγράφειν) ist schon die Rede gewesen. In dem sehr alten (vor 160 a. C.) Fragm. Mat. in Paris, steht zu solchem Zweck vor 4 Zeilen nach einander χ. Die in Häkchen 'H .....' eingeschlossenen doppelt geschriebenen Zeilen des Vat. 1209 s. Studien u. Krit. 1847 Bd. 1. f. Bast Comment. p. 937. Ein Beispiel aus alter Minuskel ist ὑὸὐλόμιθη in Pal. 252.

Zahlzeichen.

Während man in älteren griechischen Inschriften die Zahlen durch die Anfangsbuchstaben der Zahlwörter und Striche für die Einer ausdrückte, zeigen sich seit dem fünften Jahrhundert a. C. Spuren der noch jetzt üblichen Bezeichnung. Das Alphabet mit den schon vorher berührten besonderen Zeichen, wozu ich hier noch nachtragen will, daß Sampi in ägyptischen Papyrus diese Form hat: ϡ, ϡ, Koppa (90) aber ϙ, ϙ.

In der Regel erhalten die Buchstaben wenn sie Zahlen bedeuten, einen Querstrich: ᾱ, Δ̄, λ̄ = 30 in der eigenthümlichen Uncialschrift der Scholia Platon. Reg. 1807. Bei Ordnungszahlen wird die Endung hinzugefügt, so Δ^ος = τέταρτος, doch ist das oft unterlassen, auch Ordnungszahlen haben den Querstrich, oder es unterbleibt auch wohl jede Bezeichnung, woraus denn zahlreiche Fehler der Abschreiber und Herausgeber entstanden sind, um so mehr da auch ᾱς, ᾱο häufig für πρῶτος und πρῶτο- steht, und auch sonst Zahlen in componirten Wörtern abgekürzt werden. So führt Bast an: ὅπερ φησί τ̄ τ̄ = ἵνα φυλάττῃ τριγλυφίαν. Im König Roger's Diplom von 1129 bei Montfaucon p. 403 ist das barbarische Wort ÂHCΘBΘHCCIM = πεντακοσιεκτοσιμου

Tausende werden durch einen Haken oder Strich an der linken Seite bezeichnet, so in ägypt. Papyrus: ͵α = α, ͵β, ͵γ, ͵δ, ͵ε etc. s. Leemans in der Ausgabe der Leidener Papyrus p. 92.

Brunet de Presle in der Ausg. der Papyri p. 325, und früher schon Peyron, Mem. acc. di Torino 33, 16–24. Im Pal. 398 nach Bast, Lettre p. 27: ΒC = 2200. ΑC = 1200, ΒΔ etc. Später sinkt der Strich mehr abwärts.

Zehntausende bezeichnet das Wort Myriade oder Abkürzungen davon, gewöhnlich ein M unter der Zahl, welches im flüchtigen Schreiben sehr unkenntlich wird: [illegible] = 24000, [illegible] = 13700. In Minuskel soll auch statt M ein einfacher Punkt nach der Myriadenzahl vorkommen, auch ä, und im Pal. 398 [illegible] : ϹΤΑ [illegible] ΓΦΠΖ = στάδια 23587. Vgl. über größere Zahlen außer Bast und Peyron noch Ritschl, Alex. Bibl. p. 119. Anm. Cantor, Mathem. Beitr. p. 119 ff.

Nach Peyron ist Β∠ 2½, und dann entsprechend im Pal. 281 (Schrifttaf. 3) [illegible] = 2½, [illegible] = 3½, [illegible] = 8½, [illegible]. Sonst ist nach Bast (der Comment. p. 850–855 die Zahlen behandelt hat) ½ [illegible] oder [illegible], [illegible] u. s. w. Aus Pal. 398 führt er (Lettre p. 27) an: [illegible] μίλια 24, [illegible] 8½+⅛ = ⅝; für ⅔ aber auch das besondere Zeichen [illegible]. Nach Lepsius, Chronol. p. 7 bedeutet ° Verdoppelung, also γ' ⅔, [illegible] ½, also [illegible] ½+⅓ = ⅚. Peyron giebt aus den Papyrus ein anderes System: [illegible] = 1/14, [illegible] = ⅓, also bis auf das Verdopplungszeichen dem unsrigen ganz ähnlich.

Auch die von Montfaucon p. 359 ff. noch angegebenen Zeichen, die [illegible]. Peyron u. s. w.

behandelten Zeichen für Münzen, Gewichte etc. will ich nicht eingehen, und nur noch des aus der Münzkunde bekannten Zeichens L gedenken, welches in den Papyrus sehr häufig gleichwertig mit ἔτους vorkommt, und wohl aus stenographischer Verstümmelung von ε und τ herrühren mag, aber sicher nicht ein lateinisches L und Anfang des ganz ungebräuchlichen λυκάβαντος ist, wie es gewöhnlich erklärt wird.